10대와 통하는
철학 이야기

10대와 통하는 '철학' 이야기

제1판 제1쇄 발행일 2020년 7월 12일
제1판 제3쇄 발행일 2022년 10월 24일

글 _ 손석춘
기획 _ 책도둑(박정훈, 박정식, 김민호)
디자인 _ 채홍디자인
펴낸이 _ 김은지
펴낸곳 _ 철수와영희
등록번호 _ 제319-2005-42호
주소 _ 서울시 마포구 월드컵로 65, 302호(망원동, 양경회관)
전화 _ 02) 332-0815
팩스 _ 02) 6003-1958
전자우편 _ chulsu815@hanmail.net

ISBN 979-11-88215-47-8 43100

철수와영희 출판사는 '어린이' 철수와 영희, '어른' 철수와 영희에게
도움 되는 책을 펴내기 위해 노력합니다.

10대와 통하는
철학 이야기

글 손석춘

 철수와영희

"잘 사는 것"은 어떻게 사는 걸까요?

철학과 10대의 소통은 한국에서 어색합니다. 유럽과 미국은 다릅니다. 그 나라들에서 철학은 10대들이 배워야 할 주요 교과목입니다.

한국의 10대들이 '도덕'이나 '윤리와 사상' 교과서에서 만나는 철학자와 그 사상조차 암기식으로 공부하는 풍경은 슬픈 일입니다. 그 슬픔은 은유가 아닙니다.

대학 강의실에서 새봄을 맞을 때면 설렙니다. 10대의 끝자락이거나 스무 살이 된 새내기들과의 만남은 언제나 싱그럽습니다. 그들이 세상을 바라보는 신선한 관점에 기대도 있지요.

두어 해 전인데요. 봄 학기를 맞아 강의실로 들어서자 휠체어를 탄 신입생이 눈에 띄었습니다. 학생의 아버지가 학기 내내 강의실

안까지 데려다 주었지요. 몸이 불편할 텐데도 수업에 열정적으로 참여하고 학기 말에 성적도 'A+'를 받을 만큼 우수한 청년이었습니다.

저는 강의 때 학생들의 발표와 토론을 중시합니다. 그 학생의 훌륭한 발표를 들으며 가슴이 아팠지요. 병이나 교통사고가 원인이 아니었거든요.

인생이 허무하게 다가온 고등학생 때 자살을 결심했고 실행에 옮겼다고 하더군요. 그 직전까지 반장으로 누구보다 열정적인 10대를 보내고 있었답니다.

그 학생의 발표처럼 10대의 어느 순간에 누구나 인생의 허무감이 엄습할 때가 있습니다. 어차피 죽을 수밖에 없는 운명이라는 절망과 더불어 저마다 자기 이익 챙기기에 몰두하는 어른들을 보며 세상에 일찌감치 환멸을 느낀 10대도 적잖습니다.

10대는 눈부시게 싱그러운 나이이지만, 한순간의 잘못된 판단으로 평생 후회하는 선택을 하기 쉬운 시절이기도 합니다. 교수 이전에 인생의 선배로서 새내기들에게 꼭 자문해 보길 권해 온 물음이 있습니다. 자신에게 던지는 아주 간명한 문제인데요.

"나는 삶을 얼마나 알고 있을까?"

삶을 깊이 있게 들여다보지 못했으면서 지레 허무하다고 단정 짓는 것은 아닌지 짚어 보자는 뜻입니다. 저는 자살을 시도한 그 학생이 만일 철학과 만날 수 있었다면 - 교과서에 나오는 철학자와 그의 사상을 몇 글자로 연결 지어 달달 암기하는 공부가 아니라 그 철학을 자신의 삶과 연결 지으며 생각하는 힘을 키웠다면 – 비극은 일어나지 않았으리라는 생각에 안타까움을 금할 수 없습니다.

인류의 역사를 톺아보면 삶이란 무엇인가, 어떻게 살아야 옳은가하는 문제를 평생 탐구한 사람들의 발자취가 뚜렷합니다. 철학사에는 그 물음에 답하려는 고투의 열매가 가득합니다. 그 철학들을 들여다보지 않은 채 인생은 허무하다, 인간은 모두 욕망의 덩어리라고 예단한다면 참으로 답답한 일이겠지요.

철학은 인생은 무엇인지, 어떻게 살아야 행복한지, 세상은 어떻게 굴러가고 있는지를 물으며 인류의 슬기를 다듬어 왔습니다. 인류는 인생과 세상에 새로운 지평을 열어 놓은 철학자들의 지혜를 후대에게 전해 오며 사유의 힘, 생각의 근육을 키워 왔습니다. 철학을 뜻하는 영어 필로소피philosophy는 그리스어 필로스philos, 사랑와 소피아sophia, 지혜의 합성어입니다. 문자 그대로 '지혜 또는 슬기 사랑'입니다.

10대는 인생을 준비하고 꿈을 꾸는 시절입니다. 10대가 철학과 소통해야 할 이유를 '서양 철학의 대명사'가 된 소크라테스의 경구로 간단히 갈음하겠습니다. 소크라테스는 인생에서 가장 중요한 것은 "사는 것"이 아니라 "잘 사는 것"이라고 강조했습니다.

그렇다면 "잘 사는 것"은 어떻게 사는 걸까요? 이 책이 삶의 길을 찾는 청소년의 선택에 도움이 되길 소망합니다.

손석춘 드림

차례

I
유럽 철학

1. 성가신 물음 '너 자신을 알라'

2. 내 안에 뿌리 깊은 악이 있다

II
아시아 철학

Ⅲ
현대 철학

들어가는 말

삶의 길을 찾을 때

철학이라는 말, 철학자라는 사람들을 제가 처음 진지하게 만난 순간은 중학교 시절이었습니다. 까까머리에 교복과 교모, 가방까지 획일적 교육에 매몰되어 있던 1970년대의 소년에게 교과서에 드문드문 등장하는 철학자들의 경구가 가뭄의 단비처럼 가슴을 적셨습니다.

당시에는 10대를 위한 철학 책이 거의 없었습니다. 하지만 그때나 지금이나 인생에서 10대 시절은 세상을 가장 호기심 있게 바라볼 때입니다. 교과서에서 발견한 철학자들을 더 알고 싶어 서울 남산도서관, 마포 아현도서관을 찾아다니며 책을 읽었습니다.

철학 공부를 아무도 권하지 않았음에도 철학자들 탐색에 나선 까닭은 두 가지 물음이 깊이 스며들어서였습니다.

무엇보다 인생은 무엇인지 알고 싶었습니다. 충청도에서 열 살에 서울로 이사 온 저의 어린 눈에 일곱 식구 살림을 꾸려가느라 허덕이는 부모님을 비롯해 불행한 사람들의 풍경이 들어왔습니다. 아울러 죽음도 성큼 다가왔습니다. 개구쟁이인 저를 가장 살갑게 사랑해 준 작은누나가 몹쓸 병으로 세상을 떠났습니다. 제가 중학교 1학년, 누나가 고등학교 1학년 때였습니다. 입관할 때 마지막으로 손을 댄 누나의 얼굴은 차디찼습니다. 죽음을 제가 피부로 느낀 첫 순간이었습니다.

삶이란 무엇인지, 모든 사람이 행복하게 살아가는 세상은 어떻게 이룰 수 있는지 궁금했습니다. 그 물음으로 대학에서 철학을 전공하고 사회 철학을 연구하며 석사·박사 논문을 쓴 뒤 대학교수로 '커뮤니케이션 사상'을 가르치는 지금도 인생과 세상을 꾸준히 탐구하고 있습니다.

철학을 공부하는 방법으로 흔히 두 가지를 꼽습니다. 하나는 자신이 해결하고 싶은 문제를 풀기 위해 여러 철학자들의 사유를 탐색하는 길입니다. 다른 하나는 자신이 끌리는 '위대한 철학자'의 사유 세계를 집중적으로 파고드는 길이지요. 실제로 평생 한 철학자를 연구하는 교수들이 적지 않습니다.

이 책은 10대의 눈높이에 맞춰 두 가지 방법을 종합해 보았습니다. 먼저 인생의 중요한 철학적 문제를 10개로 추렸습니다.

먼저 '너 자신을 알라'는 성가신 문제가 있습니다. 내 안에 뿌리 깊은 악, 우상을 벗어나는 길, 미성숙의 계몽, 무아와 무위, 사람을 사랑하는 참다운 길, 자유와 사슬, 노동의 발견, 삶의 예술적 창조, 공론장과 감성의 해방도 풀어야 할 철학적 문제들입니다.

하나하나가 개개인이 인생을 창조적으로 살아가려면 어떤 형태로든 부닥치는 문제들입니다. 이어 그 철학적 문제들을 탐구해서 이미 높은 평가를 받아 온 철학자들을 선정했습니다. 그 뒤 역사적 선후 관계를 따져 배열하는 방법으로 이 책을 구성했습니다. 10개의 철학적 문제가 이 책의 각 장입니다.

철학과 10대들의 대화를 위해 쓴 책이기에 저의 생각은 가능한 최소화했습니다. 학술서가 아니어서 일일이 출처를 밝히지 않았지만 앞선 이들의 철학사 책들과 원전들에 기반을 두고 서술했습니다. 저의 철학을 쓴 책이 아니라 이미 세계사적 평가와 검증을 받아 온 철학과의 소통을 염두에 두었기 때문입니다. 물론 철학과 철학사를 보는 저의 관점은 들어갈 수밖에 없겠지요.

그래서입니다. 세계 철학사에서 높이 평가받고 있는 철학자들이 인생과 세상이란 무엇인지에 어떻게 대답해 왔는가를 이 책의 뼈대로 삼았습니다. 크게 3부로 나누어 유럽 철학, 아시아 철학, 현대 철학으로 나누었는데요. 서양 철학, 동양 철학으로 나누던 틀을 벗어나고자 했습니다.

물론 철학에는 국경도 대륙도 없고, 그래야 마땅합니다. 다만 인류가 서로 소통하지 못하고 있을 때 사유의 결은 대륙마다 다르게 나타났습니다. 아랍 철학, 아프리카 철학, 중남미 철학도 있지만 우리가 살고 있는 사회에 영향을 끼친 철학으로 압축하다 보니 유럽과 아시아로 한정했습니다. 3부의 '현대 철학'은 세계가 하나로 이어지며 본격적으로 소통하기 시작한 시대의 철학을 의미합니다.

고대 그리스 철학자 소크라테스를 출발점으로 삼은 까닭은 단순합니다. 그리스를 기준으로 해가 뜨는 동쪽이라는 'Asu'와 해가 지는 서쪽이라는 뜻의 'Ereb'에서 '아시아'와 '유럽'이란 말이 비롯했거든요. 유럽 철학이 근대 세계를 열었다는 사실도 굳이 부정할 이유는 없습니다.

소크라데스가 인생에서 가장 중요한 것은 "사는 것"이 아니리 "잘 사는 것"이라고 말할 때 죽음의 독배를 앞두고 있었습니다. 소크라테스가 암시했듯이 잘 살면 죽음도 두렵지 않게 됩니다. 그에게 철학은 죽음의 연습이었습니다.

독자들이 세계 철학사에 빛나는 철학자들과 소통해 갈 이 책은 먼저 1부 유럽 철학에서 '너 자신을 알라'라는 사뭇 성가신 주제로 소크라테스와 고대 철학을 다뤘습니다. 이어 '내 안에 뿌리 깊은 악'은 어디서 오는가를 탐색한 아우구스티누스와 중세 철학을 살펴봅니다. 다음 장에선 중세의 우상을 벗어나 경험과 이성에 근거한 베이컨의 경험론과 데카르트의 합리론을 짚은 뒤 칸트와 헤겔의 철학적 고투를 소개했습니다.

2부는 아시아의 철학을 다뤘습니다. 소크라테스와 비슷한 시대에 아시아에서는 붓다, 노자, 공자가 각각 철학의 길을 열었습니다. 개인적으로는 세 사람 모두, 특히 붓다는 더더욱 소크라테스를 대체해 '철학의 대명사'가 되어도 전혀 손색이 없다고 생각합니다. 저만의 생각이 아닙니다. 이를테면 독일에서 출간되어 국내에도 번역된 슈퇴리히의 『세계 철학사』는 제1부 제1장을 '고대 인도의 철학'으로 서술하며 붓다의 철학을 비중 있게 다루고 있습니다.

노자의 도교나 공자의 유교가 단순히 종교가 아니듯이 붓다의 불교는 신앙 이전에 철학입니다. 실제 대학에서 유학, 도학과 더불어 불교 철학을 '동양 철학'의 주요 흐름으로 가르칩니다.

이 책에선 붓다의 해탈과 노자의 비움이라는 철학 정신을 '무아와 무위의 지혜와 실천'으로 풀이하고, '사람을 사랑하는 참다운 길'에서 공자와 묵자가 펼친 철학으로 안내합니다.

1부와 2부의 철학자들은 유라시아 대륙의 서쪽과 동쪽에서 각각 소통 없이 사유를 전개합니다. 3부는 유럽에서 싹튼 근대 문명이 전 세계로 퍼져 가며 유럽과 아시아가 소통에 들어간 시대에 전개된 철학적 사유를 담았습니다. 그들이 제기한 문제들은 여전히 현대 사회가 풀어 가야 할 시대적 과제로 남아 있습니다.

먼저 '자유와 민중의 사슬'이라는 주제로 프랑스 혁명의 철학자라 불리는 루소와 자유주의의 고전을 남긴 밀의 철학을 짚고, 마르크스가 새롭게 발견하고 정립한 노동의 철학을 소개합니다. 이어 '망치의 철학자' 니체와 하이데거의 철학이 권하는 '인생의 예술적 창조'를 살핀 뒤, 하버마스와 마르쿠제의 철학을 '공론장과 감성 해방'이라는 주제로 다뤘습니다.

철학의 출발점에서 근대 철학을 거쳐 현대 철학에 이르는 길에서 언젠가 죽음을 맞을 수밖에 없는 인간과 그들이 살아가는 세상은 대체 어떤 뜻이 있는가를 문제의식으로 삼는다면, 자신이 어느새 삶의 길을 깊이 있게 찾는 철학자가 되어 있음을 실감하리라 기대합니다.

1

유럽 철학

PHILOSOPHY

Philosophy

1

Europe

성가신 물음
'너 자신을 알라'

거리의 철학자 소크라테스

소크라테스라고 하면 대부분 "너 자신을 알라"라는 말을 떠올립니다. 너무 많이 알려진 탓에 대수롭지 않게 그 말을 흘려보냅니다.

"너 자신을 알라"라는 말의 핵심은 '모르고 있다는 것을 알라'입니다. 자신이 모르고 있다는 것을 아는 것은 쉽지 않지요.

소크라테스가 살던 시대를 살펴볼까요. 당시 그리스 사람들은 제우스가 상징하듯이 신화의 세계에 살고 있었습니다. 그러다가 기원전 600년대에 신화와는 다른 생각을 하는 사람들이 나타났는데요. "만물의 근원arche"이 무엇인가를 물은 탈레스가 그 출발입니다.

아르케arche는 처음, 시초, 원질의 뜻을 모두 담고 있는 말인데요. 모든 것의 아르케를 질문하면서 탈레스는 철학의 문을 열었습니다. 탈레스가 던진 질문, 모든 것의 근원은 모든 철학자들이 풀어야 할 문제가 되었지요. 탈레스는 만물의 아르케를 물이라고 주장했습니다. 과학이 발달한 지금 짚어 보면 소박한 생각입니다.

다만, 지구가 '물의 행성'이라는 과학적 사실, 바다가 지표의 70퍼센트를 차지한다는 사실, 탈레스가 태어나 살았던 그리스의 식민지 밀레토스현재의 터키 서부가 바다로 둘러싸여 있다는 사실을 감안할 수는 있겠습니다.

탈레스의 철학적 의미를 짚을 때 더 중요한 것은 '물'이라는 답이 아니라 그가 제기한 물음입니다. 탈레스의 답 이후 그와 비슷한 시대에 살았던 아낙시만드로스나 아낙시메네스도 '모든 것의 근원'에 대해 자기 생각을 내놓았지요. 물 또는 불, 흙, 공기가 아르케라는 주장에 이어 엠페도클레스는 그 네 가지 모두가 근원이라며 '사원소설'을 내놓았지요. 피타고라스는 '수학의 아버지'답게 '수'를 아르케로 지목합니다. 데모크리토스와 레우키포스는 원자론을 주창했지요.

저마다 모든 것의 근원을 자신이 알아냈다고 주장하던 시대에 소크라테스도 활동했습니다. 어느 날 소크라테스의 친구가 아테네의

소크라테스

신전에 가서 "소크라테스보다 더 지혜로운 사람이 있습니까?" 물었
다지요.

신전에 있는 성직자는 '신의 응답'이라며 없다고 말했습니다. 친
구의 말을 듣고 소크라테스는 믿지 않았습니다. 겸손한 소크라테스
는 자신보다 뛰어난 사람이 아테네 안에도 많다고 생각했거든요.

소크라테스는 자기보다 더 지혜로운 사람을 찾아내 신탁이 틀렸
음을 입증하겠다며 집을 나섰습니다. 저명한 아테네의 현인들을 두
루 만났지요. 그들과 대화를 나눈 소크라테스는 실망했습니다. 그들
은 자신이 모든 걸 알고 있다고 생각하고 있으며 자기가 모르는 것
이 있다는 사실조차 모른다고 판단했습니다. 소크라테스는 새삼 소
명감을 느끼며 신전의 기둥에 새겨져 있던 '너 자신을 알라'는 경구
를 즐겨 쓰기 시작했습니다.

소크라테스Socrates, BC 469~BC 399는 그리스의 가난한 민중 집안에서 태어났습니다. 일반적인 기준으로 못생긴 소년이었지요. 퉁방울눈에 코는 작고 뭉툭했습니다. 청년이 되었을 때 조국 아테네가 전쟁에 휘말리자 세 번이나 전투에 참전할 만큼 의무감이 강했습니다. 전장의 젊은 소크라테스는 휴식할 때 한자리에서 움직이지 않고 깊은 생각으로 밤을 꼬박 지새운 일화를 남겼습니다.

성년이 된 소크라테스는 자신의 지혜를 조국의 젊은이들과 나누었습니다. 소크라테스는 '거리의 철학자'로 뭇사람의 존경을 받게 되었지요.

하지만 사람들의 무지를 일깨우려는 소크라테스의 사명감은 아테네 사람들에게 몹시 불편할 수밖에 없습니다. 누군가가 자신의 잘못을 지적할 때 온전히 받아들이는 사람은 의외로 많지 않지요. '너 자신을 알라'는 권고를 성가시게 받아들여 반발하는 윤똑똑이는 그때나 지금이나 많습니다.

자존심이 상한 사람들은 소크라테스에 대해 적대감을 키워 갔습니다. 그들에게 소크라테스는 가난한 석수장이의 아들로 볼품없이 생긴 땅딸막한 사내에 지나지 않았습니다. 사회적으로 부와 권력, 명성을 지닌 자들은 소크라테스와 대화를 나누다가 말이 막혀 자신의 무지가 드러났을 때 격분했지요.

당대의 희극 작가 아리스토파네스는 〈구름〉이라는 희극에서 소크라테스를 "뱀장어처럼 알 수 없고, 교묘하게, 거드름 피우는 악한"이라거나 "백의 얼굴을 가진 악당, 게걸들린 놈"으로 묘사했습니다.

소크라테스도 자신이 존경 못지않게 미움 받고 있다는 사실을 잘 알고 있었습니다. 스스로를 서슴없이 등에로 자처했지요. '등에'는 소나 말의 등에 붙어 피를 빨아먹고 사는 곤충입니다. 길이 3센티미터 안팎에 커다란 겹눈을 갖춰 언뜻 벌처럼 보이는 '큰 모기'입니다.

농가의 귀한 재산인 소의 피를 빨아먹기에 농부들은 보는 대로 잡아 죽입니다. 등에가 영어로는 '녹색 머리를 한 괴물greenheaded monster'이라 불릴 정도이지요.

그런데 위대한 철학자 소크라테스가 재판을 받으며 자신을 아테네의 '성가신 해충'으로 자처했습니다. 소크라테스가 법정에서 한 말에 귀 기울여 볼까요.

소크라테스는 아테네 시민들에게 "여러분이 생각하듯이 저는 지금 자신을 위해 변호하려는 게 아닙니다. 오히려 신이 여러분에게 보낸 선물인 나를 처벌함으로써 신에게 죄를 짓지 않도록 여러분을 위해 변호하려고 합니다"고 당당하게 밝힙니다.

이어 "저를 사형에 처한다면, 앞으로 여러분은 저와 같은 사람을 쉽게 찾아내지 못할 것"이라는 진술에선 강한 자부심마저 읽히지요. 하지만 곧바로 자신은 "신이 이 나라에 보낸 등에"라고 말하지요. 소크라테스가 보기에 아테네는 "살찐 말과 같아서" 둔합니다. 바로 그래서 신은 등에를 보내 "하루 종일 언제 어디서나 여러분에게 다가가" 깨워 왔다고 회고합니다.

마지막으로 진솔하게 경고합니다. "여러분은 자신과 같은 사람을 다시는 쉽게 찾아내지 못할 것"이라고요.

소크라테스로선 자신을 죽이려는 사람들에게 성찰을 촉구하는 말이었습니다. 하지만 이미 들을 귀가 없었지요.

왜 그랬을까요? 모기를 떠올리면 쉽게 이해할 수 있겠지요. 밤중에 자다가 모기에게 물리면 저절로 눈이 떠질 겁니다. 가렵기도 하고 다시 마음 편히 잠잘 수도 없어 모기를 잡아 죽이고 싶지요. 바로 아테네 시민들이 그랬습니다.

스스로를 '녹색 머리 괴물'로 표현한 소크라테스의 진술을 마저 들어볼까요?

"여러분은 마치 잠을 깨웠을 때처럼 화를 내고, 쉽게 저를 죽여 버릴 수도 있습니다. 하지만 저는 단언합니다. 신이 여러분을 위해 또 다른 등에를 보내지 않으면 여러분은 나머지 인생 내내 줄곧 잠만 자게 되리라고……."

소크라테스의 솔직한 호소는 묵살당했습니다. 법정은 철학자에게 사형을 선고했습니다. 소크라테스가 젊은이들을 타락시킨 죄를 용서할 수 없다며 사뭇 당당했지요.

친구와 제자들은 소크라테스의 탈옥 작전을 세웠습니다. 소크라테스를 찾아가 설명했지만 단호히 거절당했습니다. 소크라테스는 이미 죽음을 각오했습니다. 판결에 앞서서 죽음에 대한 자신의 생각을 다음과 같이 털어놓았지요.

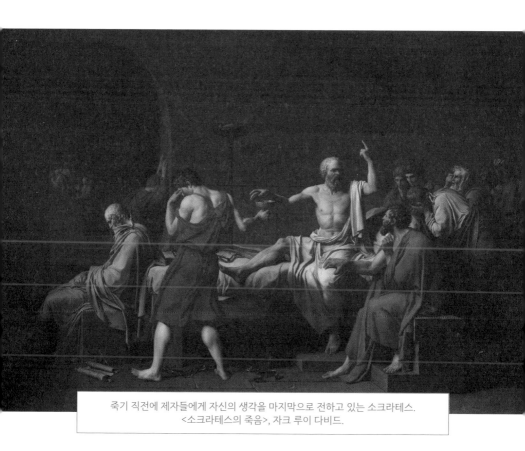

죽기 직전에 제자들에게 자신의 생각을 마지막으로 전하고 있는 소크라테스.
<소크라테스의 죽음>, 자크 루이 다비드.

"죽음을 두려워하는 것은 지혜가 없으면서 마치 있는 것처럼 생각하기 때문입니다. 죽음이 무엇인지 모르면서도 알고 있다고 생각하는 것입니다. 죽음이 사람에게 좋은 것인지, 그렇지 못한 것인지 아무도 모르면서 마치 가장 나쁜 것임을 알고 있기나 한 것처럼 두려워합니다. 이것이야말로 가장 비판받아야 마땅한 무지, 곧 모르면서 아는 체하는 무지가 아니고 무엇인가요?"

소크라테스는 자신이 다른 많은 사람들과 달리 지혜롭다면 자신이 죽은 뒤의 일을 알 수 없다는 것을 인정하기 때문이라고 밝힙니다.

그에게 죽음이란 둘 중의 하나입니다. 아무것도 아닌 없는 것이어서 어떤 대상에 대하여도 아무런 감각도 갖고 있지 않은 상태이거나, 혹은 전해 내려오는 말과 같이 영혼이 이곳에서 저곳으로 자리를 옮긴 상태입니다.

소크라테스는 만약 죽음이 아무런 감각도 없이, 꿈 한 번 꾸지 않는 깊은 수면 상태와 같은 것이라면 죽음은 우리에게 썩 좋은 일이 될지도 모른다고 주장합니다. 왜냐하면 어떤 사람이 꿈도 꾸지 않을 만큼 깊이 잠들었던 밤을 찾아내어, 그 밤과 일생의 다른 모든 낮과 밤들을 비교하여 깊이 숙고한 다음, 평생 몇 번을 그보다 더 쾌적하고 즐겁게 지냈는지를 말해야 했을 때, 보통 사람들뿐만 아니라, 왕조차도 손꼽을 정도밖에는 찾아내지 못할 것이기 때문이라는 거죠. 죽음이 과연 그런 것이라면 소크라테스는 좋은 일이라고 봅니다.

다른 한편, 죽음이라는 것이 장소를 옮겨 사는 것이면, 그리고 죽은 사람들이 모두 그곳으로 간다는 말이 사실이라면, 이보다 더 좋은 일이 또 어디에 있겠느냐고 반문한 소크라테스는 마무리를 짓습니다.

"이제 우리 모두 법정을 떠날 때가 되었습니다. 나는 죽기 위해서, 그리고 여러분은 살기 위해서. 그러나 우리들 가운데서 누가 더 좋은 일을 만나게 될지는 신밖에 모릅니다."

소크라테스는 이미 죽음 앞에 초연한 경지에 이르렀습니다. 그래서였지요. 아무런 떨림 없이 독이 든 술잔을 들고 사랑하는 사람들에게 이별을 고했습니다. 그의 나이 일흔 살이었습니다.

아테네인들은 소크라테스를 죄인으로 몰아 사형시킴으로써 무지의 잠에서 자신을 깨워 줄 '등에'를 죽인 셈입니다. 이 '거리의 철학자'는 오늘날 짚어 보아도 의미 깊은 대화를 아테네 사람들과 많이 나눴습니다. 일화를 하나 소개하지요.

어느 날 소크라테스에게 친구가 찾아와 다급하게 소리쳤습니다.

"여보게, 소크라테스! 세상에 이럴 수가 있나. 방금 내가 밖에서 무슨 말을 들었는지 아나? 아마 자네도 들으면 깜짝 놀랄 거야. 그게 말일세."

이때 소크라테스가 친구의 말을 막으며 말했습니다.

"잠깐 기다리게. 자네가 지금 전하려는 그 소식을 체로 세 번 걸렀는가?"

"체로 세 번 걸렀냐고? 대체 무슨 체를 말하는 건가?"

"첫 번째 체는 '진실'이네. 자네가 지금 전하려는 내용이 사실이라고 확신할 수 있는가?"

"아니, 뭐. 난 그냥 거리에서 주워들었네."

"그럼, 두 번째 체로 걸러야겠군. 자네가 전하려는 내용이 사실이 아니더라도, 최소한 '선의'에서 나온 말인가?

친구는 우물쭈물하며 아니라고 답했습니다.

"그렇다면, 세 번째 체로 걸러야겠네. 자네를 그토록 흥분하게 만든 그 이야기가 정말 '중요한 내용'인가?"

친구가 "글쎄"라며 머뭇거리자 소크라테스는 단호히 말합니다.

"사실도 아니고, 선의에서 비롯된 마음에서도 아니고, 더구나 중요한 내용도 아니라면 나에게 말할 필요가 없네. 그런 말은 우리의 마음만 어지럽힐 뿐이네."

2500여 년 전에 소크라테스가 남긴 이야기이지만 인터넷 시대를 살아가는 우리에게 진지하게 성찰할 기회를 줍니다.

소크라테스가 죽은 뒤로 풍요로운 도시 국가 아테네의 힘은 시나브로 약해졌습니다. 결국 아테네는 얼마 가지 않아 멸망하고 말았지요.

플라톤이 추구한 이상 세계

고대 그리스의 '녹색 머리 괴물' 소크라테스는 억울하게 죽었지만 그의 뜻을 따르는 제자들이 많았습니다. 그 가운데 가장 뛰어난 청년이 플라톤입니다. 소크라테스가 62세였을 때 스무 살의 플라톤을 만났지요.

플라톤은 잘 몰라도 '플라토닉 러브platonic love'라는 말은 익히 들었을 법한데요. 남녀 사이의 정신적인 사랑을 뜻하는 것으로 흔히 논의됩니다.

하지만 그 말에는 오해가 있습니다. 플라톤은 결코 정신적인 사랑만 주장한 것이 아니었거든요. 실제로 플라톤이 경계한 것은 '육체를 정신보다 한층 더 사랑하는 저속한 인간'들이었을 뿐, 육체적 사랑을 결코 배제하지 않았습니다. 육체적 사랑과 정신적 사랑이 함께해야 한다는 뜻이었지요. 플라톤은 성애에 무심하지 않았고 동성애에 대해서도 열려 있었습니다.

자, 그럼 플라톤의 철학으로 들어가 보죠. 플라톤^{BC 428~BC 347}은 스승 소크라테스와 달리 아테네의 유력 가문에서 태어났습니다. 스무 살이 되기까지 문학을 공부하면서 정치인의 꿈을 키워 갔습니다.

하지만 스무 살을 맞은 해에 소크라테스를 만나면서 인생의 항로가 바뀝니다. 철학의 길로 들어선 거죠.

당시 사람들은 미남인 귀족 청년이 추남인 소크라테스에 매혹 당했다고 수군거렸는데요. 플라톤은 소크라테스를 존경했습니다. 오염된 세상에서 끊임없이 진리와 정의를 찾는 소크라테스의 숭고한 모습이 젊은 귀족 플라톤에게 짙은 감동을 준 거죠. 플라톤은 소크라테스를 존경하며 스승으로 모십니다.

석수장이 집안의 못생긴 선생은 걸출한 귀족 제자에게 8년에 걸쳐 가르침을 줍니다. 하지만 플라톤이 스물여덟 살 되던 해인 기원전 399년에 스승은 사형당하지요. 플라톤은 아테네에서 가장 지혜로운 철학자를 처형한 정치에 크게 낙담했습니다.

정치와 확연히 거리를 두고 학문에 몰입했는데요. 소크라테스가 그랬듯이 플라톤도 이성이 지식을 얻는 유일한 방법이라고 생각했습니다. 현실 정치에 실망한 플라톤은 자연에서 영원히 변치 않는 무엇, 사회에서도 영원한 그 무엇을 탐색해 갔지요.

플라톤은 모든 것이 변하는 현실은 불완전하다고 판단했습니다. 그 현실을 참다운 세계로 볼 수 없었지요. 그가 현실 세계 너머에 현실과 다른 세계가 있다고 생각한 이유입니다.

흔히 플라톤의 사유를 이원론이라 부르는데요. 그가 세상을 '현실 세계'와 '이데아 세계'로 나누어 설명했기 때문입니다. 현실 세계에 속하는 모든 것은 시간이 흐르면 사라지는 물질로 이루어져 있지만 이데아 세계는 그렇지 않다고 주장했지요.

플라톤은 이데아 세계를 유명한 '동굴의 비유'로 설명했습니다. '길 아래 지하 동굴'에 앉아 동굴 안쪽 벽면만 바라볼 수 있도록 사슬에 묶인 사람들을 예로 들었지요. 동굴 밖에서 빛이 비치면 그들 등 뒤에서 움직이는 것들의 그림자가 동굴의 벽에 나타나겠지요.

만약 태어날 때부터 동굴에 앉아서 그림자만 본 사람들이라면, 동굴 벽에 어린 그림자가 유일하게 진짜 존재하는 것이라고 생각할 수밖에 없습니다. 하지만 사슬에 묶인 사람들 뒤에서 움직이는 진실은 따로 있잖아요?

플라톤은 동굴 안에 묶인 사람들의 비유를 통해 그림자만 보고 있는 사람들에게 참된 세계를 보라고 제안합니다. 그 비유에서 동굴 밖의 세계가 '이데아 세계'이고, 동굴 안 사람들이 진짜 존재한다고 믿는 그림자가 '현실 세계'입니다. 이데아 세계는 우리의 감각으로는 알 수 없습니다. 이성으로 파악하는 세계이지요. 이데아의 세계는 영원히 변하지 않으며 시간과 공간을 초월해 있습니다.

그런데 '동굴의 비유'는 그 다음 대목이 더 중요합니다. 플라톤은 동굴 속의 포로들 가운데 한 사람이 사슬에서 풀려나 동굴 밖으로 나왔을 때를 설명합니다.

여러분도 짚어 보세요. 평생 동굴에 갇혀 있다가 밖으로 나온 사람이 빛 속에서 진정한 세계를 보았을 때 어떻게 반응할까요?

플라톤은 고통을 느낄 것이라고 단언했습니다. 지금까지 보아 왔던 것이 모두 가짜라는 사실을 견디기 힘들어한다는 거죠. 반면에 일상적으로 보아온 동굴 벽의 그림자가 훨씬 친숙하게 느껴진다는 겁니다.

플라톤의 사유는 거기서 그치지 않습니다. 동굴 밖으로 나와 살아가는 것이 쉽지 않지만 과감하게 나와야 한다고 강조합니다. 플라톤이 아테네와 가까운 숲에 인재를 기를 학교를 열고 철학을 가르친 이유이기도 합니다. 현실 세계의 뒤편에 참된 세계인 이데아 세계를 탐색하며 그 결과를 젊은 세대들에게 알리고 싶었던 거죠.

플라톤의 학교는 그 지역의 이름을 따서 '아카데메이아 Akadémeia'라 불렸는데요. 젊은이들이 학비 걱정 없이 공부에만 집중할 수 있도록 무료로 가르쳤습니다. 오늘날의 대학을 이르는 말인 '아카데미'의 기원이지요.

플라톤은 교육 목표를 '철인 통치'에 두었습니다. 현실에서 출세욕에 집착한 아테네의 정치가들은 결코 민중의 도덕적 품격을 높여 줄 수 없다고 본 거죠.

플라톤은 정의롭고 이상적인 국가의 모습을 인간에 비유했습니다. 인간의 영혼이 이성, 기개, 욕망 세 부분으로 이루어져 있다고 본 플라톤은 국가에서 이성은 통치자 계급^{철인 왕}, 기개는 수호자 계급^{군인}, 욕망은 생산자 계급^{농민}의 몫이라고 풀이했습니다. 이성과 기개, 욕망에서 각각 지혜, 용기, 절제의 덕목이 나타나듯이 국가도 마찬가지입니다. 통치자는 지혜의 덕, 수호자는 용기의 덕, 생산자는 절제의 덕을 이루면 정의로운 이상 세계가 이루어집니다.

하지만 그가 이상으로 제시한 '철인 통치'의 구체적 모습은 이데 아를 추구한 철학자답게 비현실적이었습니다. 철인 통치자가 재산을 소유해선 안 된다고 주장한 것은 얼마든지 이해할 수 있습니다. 하지만 "누구든 자기 집에 들어서려고 할 때 그것을 막는 문고리가 채워진 개인 집을 소유해서도 안 된다"고 주장했지요. 심지어는 결혼을 하거나 가족을 이뤄서도 안 된다고 역설했습니다.

사적인 이익에 매몰되어선 안 된다는 생각이었는데요. 그렇다고 그 모든 것을 금하는 것은 실현될 수 없는 제안이었지요.

다만 비현실적이라고만 넘기기엔 짚어 볼 지점도 있습니다. 만일 모든 정치인들이 재산을 소유할 수 없고 가정도 이루면 안 된다는 법을 만든다면, 지금처럼 정치를 통해 재산을 불리며 잇속을 챙기는 정치인들은 아예 정치에 뜻을 두지 않을 테니까요.

결국 플라톤은 자신의 철인 통치를 받아들일 정치인을 끝내 찾지 못했습니다. 젊은 세대에 희망을 품은 채 기원전 347년에 여든한 살의 나이로 눈을 감았습니다.

아리스토텔레스의 행복론

플라톤이 죽은 뒤 그의 제자 아리스토텔레스가 그리스 철학을 이끌어 갔습니다. 아리스토텔레스Aristoteles, BC 384~BC 322는 10대 후반, 열일곱 살에 아카데메이아에 들어갔지요. 스승 플라톤 아래서 20여 년 동안 학문을 배웠습니다.

플라톤은 아끼는 제자에게 '책벌레'나 '아카데메이아의 예지'라는 별명을 붙여 줄 정도로 특별히 사랑했습니다. 출중한 재능에 더해 부지런했으니까요. 어쩌다 그가 지각할 때 도착하길 기다려 강의를 시작할 정도였습니다.

아리스토텔레스도 스승을 존경했습니다. 그런데 플라톤이 죽은 뒤 아카데메이아의 새 원장에 오르지 못합니다. 플라톤의 조카가 원장 자리를 이어받자 조용히 그곳을 나와 독자적인 길을 열어 갑니다.

아리스토텔레스는 마케도니아 왕국의 궁정 의사였던 아버지의
영향으로 어려서부터 경험적이고 실용적인 학문에 많은 관심을 가
졌습니다. 세상의 모든 것을 동물, 식물, 광물로 분류한 것도 아리스
토텔레스입니다. 바다 생물도 500여 종이나 관찰해서 분류했지요.

아테네로 유학해 플라톤의 아카데메이아에서 가장 뛰어나다는
명성을 얻은 아리스토텔레스는 마케도니아로 돌아가 당시 13세이
던 알렉산드로스 대왕을 7년 동안 가르칩니다. 그 뒤 아테네로 돌아
와 '리케이온'이라는 학당을 세웠지요. 아리스토텔레스와 제자들은
강의할 때 걸으면서 이야기하기를 좋아해 소요학파, 곧 '산책하면
서 공부하는 사람들'로 불렸습니다.

플라톤은 이데아에 빠져 자연의 변화에는 관심을 기울이지 않았
지만, 아리스토텔레스는 자연의 변화에 큰 관심을 쏟았습니다. 오
직 이성에 의지한 플라톤과 달리 아리스토텔레스는 감각도 중시했
지요.

아리스토텔레스는 이데아 세계가 현실 세계와 따로 존재하지 않
는다고 주장하면서 플라톤의 철학과 갈라집니다. 이데아 세계와 현
실 세계를 이어야 옳다고 생각했지요. 어떤 사물의 이데아가 있다
면, 그것은 이데아 세계에 있는 것이 아니라, 그 사물 안에 있다는
독창적 철학을 펼칩니다.

플라톤과 아리스토텔레스의 철학적 차이를 잘 표현한 그림이 라
파엘로의 '아테네 학당'입니다. 중앙에 한 사람의 손은 하늘을, 또

<아테네 학당>, 라파엘로 산치오.

플라톤(왼쪽)과 아리스토텔레스.

한 사람 손은 땅을 가리키고 있습니다. 플라톤과 아리스토텔레스입니다.

그림처럼 아리스토텔레스는 세상에 존재하는 것은 현실 세계뿐이라고 생각했습니다. 이데아를 대체한 그의 철학에 핵심 개념이 '형상'입니다.

플라톤이 현실 세계를 떠나 있는 독립적인 세계라고 주장한 이데아를 아리스토텔레스는 개별적 사물 가운데 들어 있는 '형상'이라고 주장했습니다. 현실을 넘어서 이데아의 세계가 따로 있는 것이 아니라, 눈앞에 보이는 개개의 사물들 안에 참다운 실체가 담겨 있다고 보았습니다.

아리스토텔레스에게 실체는 질료와 형상의 결합입니다. 인간도 질료와 형상이 있습니다. 육체가 질료이고, 정신은 형상입니다. 인간은 다른 존재에선 찾아볼 수 없는 인간만의 고유한 능력, 사유 능력을 지녔는데요. 사유 작용을 하는 이성이야말로 인간의 본성을 이루고 있다고 봅니다. 인간은 이성을 지니면서 비로소 인간일 수 있다는 거죠.

아리스토텔레스는 우리가 어떻게 살아야 옳은가를 탐색하는 윤리학을 정립했는데요. 인간의 최고선을 행복으로 보았습니다. 아리스토텔레스의 행복 개념은 돈이나 권력과 전혀 무관합니다. 행복은 모든 생물이 자기의 타고난 능력을 완전히 발휘하는 데에서 달성된다고 아리스토텔레스는 강조합니다.

식물은 영양을 섭취하고 번식 기능을 다할 때, 동물은 여기에 덧붙여 감각 기능을 하고 운동 능력을 충분히 발휘할 때 그들의 덕을 다합니다. 인간은 그 본성인 이성 능력을 완전히 발휘할 때 가장 행복한 상태에 이르며, 심지어 신의 본질까지 다가갈 수 있습니다.

아리스토텔레스는 우리가 초월적인 이데아를 좇아갈 것이 아니라 본래부터 타고난 능력을 잘 계발해 나가면 얼마든지 최고선의 경지에 이르러서 행복을 만끽할 수 있다고 주장합니다.

여기서 눈여겨볼 대목은 '인간은 정치적 동물'이라는 아리스토텔레스의 정의입니다. 인간은 결코 혼자 살 수 없다는 명제이지요. 인간은 자기의 삶을 지키고 완성시켜 나가기 위해 다른 사람이 필요하며, 여기에서 공동체의 윤리가 나옵니다.

따라서 선을 추구하는 사람들끼리 만나 법률과 도덕을 바탕으로 윤리적 공동체를 만드는 일이야말로 가장 고귀한 사업입니다. 공동체를 꾸려가는 일, 바로 정치입니다.

아리스토텔레스는 사람의 잠재된 능력을 최대한 발휘하도록 도와주는 일이 교육임을 강조했습니다. 예술이나 문학도 개인마다 가지고 있는 소질에 따라야 한다고 주장했지요. 인간의 자연적 소질을 완성하는 것이 교육입니다.

리케이온 학당에서 사색과 교육에 몰입하던 그에게도 삶의 위기가 찾아옵니다. 알렉산드로스 대왕이 갑자기 죽으면서 아테네에 마케도니아 반대 운동이 일어나지요. 알렉산드로스 대왕의 스승으로 학당 운영에 물적 지원도 받고 있었던 아리스토텔레스는 고소를 당합니다. 신을 모독하고 국가 종교를 위반했다는 죄목이었습니다.

아리스토텔레스는 독배를 마신 소크라테스를 떠올리고 결단했습니다. "아테네 시민이 두 번 다시 철학에 죄를 짓지 않도록 떠난다"는 명언을 남기고 칼키스로 전격 망명했습니다. 그 상실감과 절망 때문이었을까요. 이듬해 그곳에서 예순두 살의 나이로 눈을 감았습니다.

고대 그리스 철학을 톺아 볼 때 한 번쯤은 성찰해 볼 대목이 있습니다. 그리스는 물론 고대 사회가 두루 노예제 사회였다는 사실입니다. 아리스토텔레스가 인간을 정치적 동물이라고 정의했지만, 그때의 인간은 어디까지나 '자유로운' 인간만을 의미했습니다. 자유롭지 못한 사람들, 노예들은 물론이고 가정에 있는 여자들과 아이들은 '본성적으로 열등'하기 때문에 정치 공동체의 구성원이 될 수 없다고 보았습니다. 고대 철학자들이 보편적으로 지니고 있었던 사유의 뚜렷한 한계이자 인간의 지혜가 얼마나 시대에 갇힐 수 있는가를 보여주는 또렷한 경계입니다.

'만물의 근원' 원자

고대 그리스 철학자 데모크리토스는 '더는 나누어지지 않는 입자'를 만물의 근원으로 보고 아토모스atomos, 곧 '원자'라 불렀습니다. 모든 물질을 구성하는 최소의 알갱이가 있고 알갱이들 사이는 비어 있다고 주장했지요. 이 입자설은 참신한 접근이었지만 묻히고 말았습니다.

근대에 들어와 과학자들의 실험으로 원자론은 새롭게 조명받습니다. 17세기 영국 과학자 로버트 보일은 J자 모양의 유리관에 수은을 붓는 실험에 나섰지요. 한쪽 구멍으로 수은을 넣었는데요. 아무리 넣어도 반대쪽까지 꽉 차지 않았어요. 그 안에 든 공기 때문이었지요. 하지만 수은을 넣을수록 그 공간은 줄어들었습니다. 보일은 이를 통해 관 안에 공기 입자가 있

DEMOCRITUS
Ex marmore antiquo apud J. S.

데모크리토스

고 이 틈이 비어 있다는 사실을 알게 되었어요. 보일은 데모크리토스가 주장한 입자설을 증명합니다.

이 실험을 근거로 돌턴은 1808년 출간한 책에서 모든 물질은 원자라고

하는 더 이상 쪼갤 수 없는 아주 작은 입자로 구성되어 있다는 명제를 정립했습니다. 30여 년이 지난 1841년 마르크스가 박사 학위 논문에서 데모크리토스의 원자론을 조명했지요.

21세기인 지금은 우주 만물이 원자로 이루어져 있다는 것을 의심하는 사람은 없습니다. 물리학자 파인만은 인류의 최대 과학적 업적으로 원자의 발견을 꼽았습니다.

138억 년 전 대폭발^{빅뱅}로 우주가 탄생할 때 원자는 없었습니다. 너무 뜨거웠기 때문이지요. 38만 년이 지날 무렵에는 온도가 적잖이 떨어졌는데요. 그때 비로소 원자가 나타납니다.

원자핵이 전자와 결합해 수소, 헬륨 원자를 만들었습니다. 수소와 헬륨은 별을 만들기 시작했고 별의 행성으로 지구도 만들었습니다. 별과 별, 은하와 은하, 은하단과 은하단 사이에 거대한 빈 공간이 존재하듯이 원자 내부도 빈 공간이 대부분입니다.

원자의 관점에서 볼 때 우주 대부분은 비어 있습니다. 원자와 허공은 우리가 보고 느끼고 아는 것들은 물론, 우리가 알지 못하는 우주의 모든 것을 만들어 냈습니다.

2

지혜 상자

로마 제국을 움직인 스토아 철학

우리에게 『명상록』의 저자로 잘 알려진 로마 제국의 황제 마르쿠스 아우렐리우스^{Marcus Aurelius, 121~180}. 역사가들에게 그는 플라톤이 이상적으로 그린 '철인 황제'로 꼽히지요. 실제로 그는 '스토아 철학자'였습니다.

로마 제국을 움직인 스토아 철학은 이성을 지닌 인간은 영원한 우주 질서와 불변적인 가치를 추구해야 옳다고 주장합니다. 이성의 빛은 세계 전체에 경이로운 질서를 부여합니다. 인간이 자신을 통제하여 질서 있게 살아가는 기준도 이성이지요.

스토아 철학에 따르면 세계는 하나의 커다란 도시이고 인간은 그 도시의 충성스런 시민입니다. 따라서 인간은 덕과 올바른 행위에 믿음을 가지고 세상일에 적극 나설 의무가 있습니다. 스토아학파는 의무, 정의, 굳센 정신에 밑절미를 두고 우애와 함께 신처럼 넓은 자비심을 지니라고 권했습니다.

아우렐리우스

마음의 평정을 참된 행복의 조건으로 강조한 스토아 철학자이자 로마 황제 아우렐리우스가 평정을 잃고 기독교인을 박해한 이유는 무엇일까요? 당시 로마 제국 전역에 전염병이 돌고 국경지대 곳곳에선 로마를 호시탐탐 노리는 세력이 출몰했습니다. 황제는 민심을 수습하고 힘을 모으려고 로마 제국의 전통 신들에게 제사를 올리라는 칙령을 내립니다. 그런데 기독교인들은 '우상 숭배'라며 완강히 거부했습니다.

아우렐리우스 황제에게 기독교인들은 로마의 선조들이 진리로 믿고 신성한 것으로 숭배해 온 것들을 멸시하며 다른 신앙과의 어떤 친교도 거부하는 것으로 보였습니다.

그래서 당시 로마 제국의 기독교 탄압은 불가피했다고 보는 학자들도 있습니다. 다양한 종교가 공존하는 로마 제국에 어느 순간부터 유일신 종교가 들어와 다른 종교는 모두 '사탄'이라고 주장할 때, 더구나 황제에게 신적 권위를 부여한 제국에서 그것을 부정하는 세력이 성장할 때, 좌시할 수 없었다는 설명이지요.

역설이지만 스토아 철학이 중세의 기독교 교부 철학에 영향을 주었다는 학자들도 있는데요. 아우렐리우스의 철학이 종교적 신비주의에 가까운 사실을 근거로 듭니다. 살아 있는 모든 것의 근원인 신은 보편적 이성이며, 죽음 뒤에도 인간의 의식을 포함해 모든 것은 그 이성 속에 '흡수'된다고 주장했지요. 스토아 철학자들은 신의 보편적 이성을 추구하며 겸허하고 금욕적인 생활을 했습니다.

Philosophy

2

Europe

내 안에 뿌리 깊은 악이 있다

불멸의 진리를 추구한 아우구스티누스

소크라테스에서 스토아학파까지 고대 그리스와 로마의 철학자들은 이성을 중시했습니다. 그런데 기독교가 로마 제국의 국교로 공인받는 392년을 앞뒤로 새로운 사유를 전개하는 철학적 흐름이 나타납니다.

인간이 선한 것을 알고 있으면서도 악한 것을 선택하는 현실에 문제의식을 느낀 아우구스티누스Aurelius Augustinus, 354~430가 선구한 유

아우구스티누스

럽 중세 철학이 그것입니다.

아우구스티누스에게 '악'이란 이성이 감정에 압도된 결과가 아닙니다. 무절제한 삶이 불러온 것도 아닙니다. 인간의 삶을 면밀히 살핀 아우구스티누스는 사람들이 '악'을 행하는 까닭을 인간의 본성에서 찾았습니다.

인간은 누구나 자존감을 지니고, 다른 사람에게 지배욕을 갖습니다. 아우구스티누스는 구약 성경의 창세기에서 이브와 아담이 선악을 분별하는 사과를 따 먹은 대목에 주목했습니다. 신의 명령을 거스르고 인간이 신의 능력을 차지하려는 의지를 읽은 거죠. 아담과 이브의 맏아들 카인이 착한 아우 아벨을 죽이고 성을 쌓는 동기도 자기애와 타인을 마음대로 다루려는 욕구로 풀이합니다.

아우구스티누스는 인간이 신의 섭리를 따라 살기를 거부하는 행위에서 '죄'의 본질을 발견했습니다. 그에게 '죄'는 어떤 대상에 저지른 짓 이전에 과도한 욕망을 지닌 인간 내면의 의지입니다. 인간은 스스로 그런 의지와 욕구를 거부하고 '선'을 선택할 능력을 갖지 못합니다. 아우구스티누스 철학에서 중요한 통찰입니다.

아우구스티누스는 악을 신의 탓으로 돌리지 않습니다. 죄를 범하는 인간 의지의 나약함에서 찾습니다. 이를테면 이웃집 과수원에서 과일을 서리하는 어린 시절의 장난까지도 악의 증거로 봅니다.

그렇다면 어떻게 해야 우리는 죄에서 벗어날 수 있을까요? 아우구스티누스의 답은 명쾌합니다. 나약한 인간은 '혼자 힘으로 악의 늪에서 빠져나올 수 없다'입니다.

따라서 인간을 도와주는 신의 전능한 의지와 더불어 구원하는 '은총'을 강조합니다. 전통적인 그리스·로마의 철학과 사뭇 다른 사유이지요.

고대 철학의 끝자락이자 중세 철학의 길을 연 아우구스티누스는 광대한 로마 제국의 북아프리카 알제리 지역에서 354년에 태어났습니다. 당시 로마 영토의 변방에서는 제국에 도전하는 세력이 커져 가고 있었습니다.

아우구스티누스의 아버지는 경제적으로 넉넉하지 못했지만, 로마 시민으로서 자부심이 강했습니다. 수사학에 뛰어난 어린 아들을 교육하는 데 헌신적인 가부장이었지요. 기독교 집안에서 자란 어머니 모니카는 신앙이 독실했고 최선을 다해 아들을 전형적인 교인으로 키우고자 했습니다.

하지만 뜻대로 되진 않았지요. 청소년 아우구스티누스는 어머니가 일러 준 기독교의 진리가 옳다는 생각이 들면서도 자신을 그와 반대 방향으로 이끄는 욕망들로 몹시 괴로워했습니다. 말재주뿐만 아니라 작문도 빼어났던 그는 북아프리카 출신으로 눈총과 홀대에도 제국의 수도 로마에서 수사학을 가르칠 수 있었습니다.

철학적 탐구에 대한 갈망은 키케로가 쓴 『호르텐시우스』를 읽으며 싹텄습니다. 우연한 기회에 키케로의 책을 접하게 된 그의 마음은 "불멸의 지혜를 추구하는 욕구로 믿기지 않을 만큼 헐떡이기 시작"했지요.

키케로^{Cicero, BC 106~BC 43}는 로마가 제국으로 넘어가기 전인 공화정 시대 말기의 정치가이자 철학자였습니다. 키케로는 플라톤이 사람들의 실제 삶과 일상생활에 적합하지 않은 이상 국가를 제시했다고 비판했습니다. 키케로는 로마 공화국에서 이상 국가를 구현하고자 최선을 다했습니다. 하지만 로마의 현실은 달랐지요. 오히려 제국으로 넘어갔습니다.

키케로의 책을 읽으며 '진정한 행복은 진정한 지혜를 얻는 것에 달려 있다'는 문장에 아우구스티누스는 밑줄을 그었습니다. 하지만 책을 다 읽어도 '진정한 지혜'가 무엇인지 모호했습니다.

청년 아우구스티누스의 가슴은 불멸의 지혜를 얻고 싶은 열망으로 가득했습니다. 아우구스티누스는 '신을 아는 지식'만이 그 지혜를 줄 수 있다고 생각했습니다.

키케로의 철학과 결별하고 불멸의 지혜를 얻고자 신을 탐색하던 청년은 마니교에 심취합니다. 어머니 모니카로부터 기독교 교리를 듣던 10대 시절 내내 그에겐 의문이 있었는데요. '절대적으로 선하신 신이 만든 세상에 어떻게 악이 존재할 수 있는가?'였습니다.

악의 존재는 단순한 지적 물음이 아니었습니다. 아우구스티누스가 끊임없이 빠져들곤 했던 욕망과 강력한 유혹 앞에서 자신의 삶을 어떻게 꾸려 가야 할까라는 절실한 문제였습니다.

마니교는 그 고민에 명쾌한 답을 주었습니다. 마니교는 선과 악의 이원론으로 설명했습니다. 세상에 존재하는 모든 것이 신으로부터 나온 것이 아니라는 거였죠. 악은 선하신 신과는 독립된 힘이 만들어 낸 것이라는 마니교의 이원론을 10년 가까이 믿었습니다.

하지만 마니교의 설명에 점점 의문이 들었지요. 선이 악의 힘에 밀릴 수도 있다면, 그것을 과연 절대적 선으로서 신이라 할 수 있을까 하는 물음이 그것입니다. 아우구스티누스는 마니교의 이원론이 신의 존재를 원천적으로 부정하는 모순을 지니고 있다는 의심을 지울 수 없었습니다.

아우구스티누스의 회의는 그를 그리스 철학으로 이끌었습니다.

밀라노 주교였던 암브로시우스가 그의 철학적 여정에 전환점을 마련해 주었습니다. 암브로시우스는 수사학만이 아니라 그리스 철학에 정통했고 플라톤의 사유에 영향을 받아 '초월자'와 '지성'의 교감을 강조했습니다.

유럽과 아프리카를 넘나들던 아우구스티누스는 그리스 철학과 기독교를 접목해 갔습니다. 많은 철학사가들이 그가 서양 사상의 원형을 이루는 두 개의 전통, 곧 그리스 철학을 뿌리로 한 헬레니즘 전통과 기독교에 바탕을 둔 헤브라이즘 전통을 하나로 묶어 기독교 철학 또는 신학의 문을 열었다고 평가합니다. 유럽 중세의 '교부 철학'을 정립한 철학자이자 신학자이지요.

그렇다면 기독교와 그리스 철학을 어떻게 조화시켰을까요. 플라톤은 우리가 앞서 살폈듯이 인간은 쇠사슬에 묶인 채 앉아 있는 동굴 속의 죄수와 같아 진리를 보지 못한다고 했지요. 지성의 눈으로 보지 못하고 몸의 눈으로만 보는 것은 한갓 그림자에 지나지 않는다는 거지요.

아우구스티누스는 플라톤의 '동굴 비유'에 매혹되었고 거기서 새로운 사유에 눈떴습니다. 플라톤이 말하는 진정으로 실재하는 세계, 곧 이데아의 세계가 바로 신의 세계라는 착안이 그것입니다.

플라톤에게 우리가 살고 있는 세계는 현상이었지요. 현실 세계를 감각으로 보고 듣고 만지면서 그것이 진짜라고 여기지만, 실제로는 이데아의 모사일 뿐이라는 건데요. 참으로 실재하는 이데아 세계를 현실 세계는 잊었다고 합니다. 그래서 플라톤은 몸과 감각에 묶여 잊어버린 이데아를 다시 기억해 내는 일을 철학의 사명으로 삼았지요.

아우구스티누스는 플라톤의 이데아를 신의 개념으로 풀이해 갑니다. 그에게 신은 완전한 실재입니다. 우리가 지금 살고 있는 이 세계는 불완전한 실재입니다. 그러니까 인간은 완전한 실재인 신과 불완전한 실재인 현실 세계 사이에 자리하고 있다는 뜻이지요. 인간은 지성을 지닌 완전한 실재이면서 동시에 육체를 가진 불완전한 실재입니다. 플라톤은 이데아의 세계, 참된 세상으로 나아가려면 이성이 이끄는 절제와 조화가 필요하다고 보았습니다. 자기 절제를 통해 이데아를 기억해 낼 수 있다는 거였지요.

아우구스티누스에게 참된 세계는 신으로 이어져 있습니다. 신은 완전한 실재입니다. 이데아를 기억해 내야 한다는 플라톤의 가르침은 아우구스티누스에겐 그 완전한 실재로서 신을 기억해 내는 일입니다.

따라서 악이란 실체가 아니라 단지 선의 결핍일 뿐입니다, 아우구스티누스는 마니교의 선악 이원론을 극복하며 불멸의 지혜는 '신을 아는 것'에서 비롯한다고 강조했습니다.

"저에게 순결과 절제를 주소서"

자신의 철학을 세운 아우구스티누스는 저술에 들어갑니다. 387년 부활절 세례를 계기로 시작했지요. 수도사로 지내면서 철학과 신학을 결합한 그는 391년 오늘날 알제리의 히포Hippo에서 사제 서품을 받습니다. 이후 성경 해설서를 냈지요. 본디 빼어난 언변에 논리마저 정교하게 갖추면서 주목을 받자 그를 시기하는 사람들이 나타났습니다. 마니교에 심취했던 이교 전력을 두고 험담이 이어졌지요.

395년 고령의 발레리우스가 아우구스티누스와 공동으로 주교직을 수행하겠다고 발표하자 공개적인 반대 운동이 일어났습니다. 아우구스티누스는 자신이 기독교로 회심하기까지 여정을 담아 『고백록』을 쓰기 시작합니다.

첫 문장에서 아우구스티누스는 "주님, 당신께서는 위대하시고 크게 찬양받으실 분이십니다. 당신의 권능은 크고 당신의 지혜에는 한량이 없습니다"라며 신을 찬미하고 찬양합니다. 이어 신이 창조한 '작은 조각 하나'가 "자기 죽을 운명을 메고 다니며, 자기 죄의 증거와 당신께서 오만한 자들을 물리치신다는 그 증거를 짊어지고" 신을 찬미하고 싶어 한다고 고백합니다.

40대 사제 아우구스티누스는 신을 찬미하고는 곧장 "저의 선업을 두고는 안도의 한숨을 저의 악업을 두고는 탄식의 한숨을 쉬면 좋겠"다고 자신의 죄악을 고백해 갑니다.

그는 자신의 선업은 "당신의 업적이자 당신의 선물"이고, 악업은 "저의 죄악이자 당신의 심판"이라고 씁니다.

죄의 고백을 통해 무한한 은총을 통해 자신을 용서하며 죄를 극복하도록 도와주는 신의 자비를 찬미하지요

아우구스티누스는 10대 시절에 도저히 억누를 수 없는 성욕 때문에 스스로에게 절망하며 죄의식에 잠깁니다. 오늘날 성적 호기심으로 혹 고통받는 10대가 있다면 아우구스티누스조차 그 문제로 고심했다는 사실에서 위안을 받을 수 있겠지요.

기실 10대의 성적 관심은 자연스러운 흐름입니다, 아우구스티누스는 자신의 육욕에 괴로워하며 기도합니다.

"저에게 순결과 절제를 주소서. 그러나 바로는 말고."

순결과 절제를 달라고 기도하면서도 '바로 주시지는 말라'는 솔직한 심경이 돋보입니다. 그만큼 육욕을 벗어나기 어렵다는 뜻이지만 인류의 다음 세대들 가운데 그 고백을 읽을 때 미소 지은 사람은 얼마나 또 많았을까요.

『고백록』의 참회는 두 차원으로 전개됩니다. 개인의 윤리적 차원에서 성욕과의 투쟁과 함께 철학적 차원에서 그가 겪었던 지성적 투쟁이 그것입니다.

아우구스티누스가 추구한 불멸의 진리에 이르는 과정은 자못 치열했습니다. 10대에 키케로의 철학 책을 읽고 평생 진리를 찾는 열망을 품었지요. 키케로 철학에 이어 마니교의 교리, 플라톤과 접목

한 기독교의 진리에 닿을 때까지 끊임없이 성찰하고 공부했습니다. 그 과정에서 자신을 쉼 없이 중력처럼 끌어당기는 성욕도 직시했고 그것을 사유에 담아 갔지요. 그가 파악한 진리와 일치하지 않는 삶을 살아가는 자신을 더없이 엄격하게 꾸짖어 갔습니다. 그에게 참회의 두 차원은 이어져 있습니다.

무릇 모든 철학에는 그 철학자의 삶이 녹아들기 마련입니다. 아우구스티누스 철학이 죄와 은총을 강조한 이유입니다.

아우구스티누스는 욕망에 사로잡혀 진리로 더 나아가지 못하는 인간의 나약함을 깊이 인식했지요. "죄스러운 애욕의 냄비"가 자신을 어떻게 신으로부터 멀리 떨어지게 했는지 털어놓습니다. 욕망을 통제하는 것은 인간의 힘만으로 불가능하기에 오직 신의 은총만이 우리로 하여금 그것을 넘어설 수 있도록 이끈다고 보았습니다. 그래서 기도하라고 권하는 거지요.

『고백록』이 개인적 차원의 철학적 사유라면, 『신의 나라』는 역사적, 국가적 차원의 저술입니다.

아우구스티누스가 『신의 나라』를 쓴 배경부터 살펴볼까요. 그의 인생 후반기에 로마 제국은 위기를 맞습니다. 410년 게르만족의 일파인 서고트족이 '무적'으로 불린 로마군을 단숨에 격파하고 로마를 점령한 사건이 일어났습니다. 제국의 수도가 로마인들이 평소 천시해 온 '야만족'에게 약탈당하자 큰 충격과 혼란이 일어났지요. 건국 이후 700여 년 동안 단 한 차례도 적군에 함락된 적이 없었거든요.

로마인들은 자신들이 살고 있는 시대의 의미를 파악할 수 있는 철학을 갈망했습니다. 제국이 공인한 유일무이한 종교로서 기독교 또한 이치에 맞게 설명할 과제를 안게 되었지요.

실제로 서고트족의 로마 점령은 유럽과 북아프리카에 군림했던 로마 제국이 몰락하는 뚜렷한 징후였습니다. 로마군이 다시 수도를 탈환했지만 '위대한 로마'의 권위가 더는 먹혀들지 않는 시대가 열린 것이지요.

아우구스티누스가 413년에서 427년에 걸쳐 『신의 나라』를 쓴 까닭입니다. 아우구스티누스는 신을 멀리하는 나라는 '강도 집단'이라고 단언했습니다. 로마를 함락했고 앞으로도 전쟁에서 로마를 이길 가능성이 높은 - 실제로 476년에 로마를 수도로 한 서로마 제국은 멸망하고 콘스탄티노플^{현 이스탄불}을 수도로 한 동로마 제국만 남습니다 - 게르만족의 무력 앞에서 도덕적 우위를 주장한 셈이지요.

마침내 '신의 나라'에 이르다

『신의 나라』에 담긴 알렉산더 대왕의 일화도 의도적입니다. 키케로가 쓴 책에서 인용했는데요. 약탈을 일삼아 온 해적이 알렉산더 대왕 앞에 붙잡혀 왔습니다. 알렉산더가 "도대체 왜 사람들을 괴롭히는가?" 꾸짖었지요.

해적은 전혀 주눅 들지 않고 거침없이 대꾸했습니다.

"대왕께서 사람들을 괴롭히는 이유와 같습니다. 단지 저는 배 한 척으로 일을 하기 때문에 해적이라 부르고, 폐하는 큰 함대를 거느리고 일을 하기 때문에 대왕이라고 하는 것입니다."

아우구스티누스는 이 예화를 통해 전쟁을 통한 영토의 확장이 해적의 강탈 행위와 도대체 무엇이 다른가 묻습니다. 그에게 정의가 없는 국가는 해적과 다를 바 없습니다.

『고백록』의 철학은 역사와 국가를 보는 눈으로 이어집니다. 정의롭지 못한 국가는 신을 멀리하려는 인간이 교만한 결과입니다. 교만한 자들의 국가와 달리, 겸손하게 신의 은총으로 구원을 바라는 공동체가 바로 신의 나라, 신국입니다.

아우구스티누스는 『신의 나라』를 통해 로마 제국이 지상에서 사라지더라도 기독교가 권능을 유지할 수 있는 논리를 세웠습니다. 신의 나라와 기독교 공동체를 일치시킴으로써 제도로서의 교회에 이론적 기반을 마련한 그를 '교회의 아버지', 곧 교부로 부르면서 '교부 철학'이 정착했습니다.

수도 로마의 함락을 풀이할 때도 '악'을 인간의 '의지'와 연결 지은 철학이 바탕을 이룹니다. 로마 제국이 더는 회복할 수 없는 국면에 이르렀다고 판단한 걸까요. 아우구스티누스는 로마가 나라를 세울 때부터 제국에 이르기까지 단 한 번도 정의롭지 못했다고 과감하게 주장합니다. 야만족만이 아니라 로마의 역사도 무분별한 지배욕과 세속적 열망이 지배했고, 그 결과 분열과 몰락의 길로 걸어갔다고 보았습니다. 이를테면 로마를 건설한 로물루스는 지배와 영광을 형제와 나누어 가질 수 없었던 열망의 화신으로 묘사됩니다. 로마 공화정에도 비판의 시선을 드러냅니다. 가령 공화정을 세운 브루투스 – 시저를 암살한 브루투스의 선조 – 가 자기의 두 아들이 왕정을 복구하려 했다는 이유로 죽인 사건도 나라 사랑이라기보다 자기 평판을 위한 행위로 풀이합니다.

로마 제국의 끊임없는 팽창은 불가피했던 것이 아니라 세속적 영광을 좇는 열망이 빚어낸 악일 뿐입니다. 그가 로마 제국에 내린 비판은 사뭇 준엄합니다. "로마의 팽창과 행복 속에는 음란과 탐욕이 자리하고 있으며, 수차례 위기를 겪어 왔고, 부도덕한 방법들을 통해 제국을 확장해 왔다"는 것입니다.

아우구스티누스는 신이 인간을 자유 의지를 가진 선한 존재로 만들었지만, 인간은 '영원한 신'이 아니라 '세속적인 것'을 추구하는 충동을 억제하려고 노력하지 않음으로써 악을 행하게 되었다며 '예수가 세운 나라에서만 진정한 정의가 실현될 수 있다'고 주장합니다.

『신의 나라』에 담긴 아우구스티누스의 정치 철학은 딱히 기독교만이 아니라 오늘날에도 짚어야 할 문제들을 던져 줍니다.

지배욕과 자기애에 도취된 사람들에게 어떤 정치 체제가 바람직한가에 대해 아우구스티누스는 큰 관심이 없었습니다. 다만 인간의 악한 본성을 억누르는 정치적 권위에 대해 성찰합니다. 신을 믿는 선한 사람들도 통제가 필요하다고 보았기 때문인데요. 그래서 인간의 이기심과 지배욕에 대한 현실주의 정치 철학의 인식론적 기반을 제공했다는 평가를 받습니다.

아우구스티누스는 집단적인 살인과 폭력이 전통적으로 공동체 구성원의 애국심이라든가 '국가 이성'의 명분으로 정당화되어 왔다고 보았습니다. 따라서 세상의 평화를 유지하려면 권위 있는 통제가 필요하다고 보았습니다. 전쟁 자체를 정당화하지는 않았지만, 그것이 정당화될 수 있는 기준을 제시했는데요. 평화를 짓밟는 행위를 막으려는 전쟁은 정당합니다. 정당한 전쟁일 때 개개인은 폭력과 살인을 금한 신의 계명으로부터 책임을 면할 수 있다고 주장했지요.

아우구스티누스는 "두 가지 사랑이 두 나라를 건설했다. 심지어 신까지도 멸시하는 자기 사랑이 지상의 나라를 만들었고, 자기를 멸시하면서 신을 사랑하는 사랑이 신의 나라를 만들었다"며 신의 나라와 지상의 나라를 비교했습니다. 지상의 나라는 자신을 자랑하지만, 신의 나라에선 예수를 자랑한다고 주장했지요. 지상의 나라는 사람들에게서 영광 받기를 원하고, 신의 나라는 우리의 양심을 보시는 신을 최대의 영광으로 여긴다고 역설합니다.

아우구스티누스는 지상의 나라에서 관찰되는 지배욕을 비판합니다. 신의 나라에선 지배욕과 다른 형태의 지도가 이뤄집니다. 권력자들이 권력 자체를 사랑하는 지상의 나라와 달리 신의 나라 사람들은 "사랑으로 섬기되, 지도자는 그 지혜로 피지도자는 복종으로" 섬깁니다.

철학의 주요 주제인 죽음에 대해서도 신의 나라로 설명합니다. 지상의 나라들은 모두 소멸하겠지만 "영원한 진리를 따르는 신의 나라 사람들은 영생을 얻게 될 것"이라고 강조합니다.

신을 따르는 삶은 자기희생적 삶이며, 겸손과 사랑입니다. 그래서 지상의 나라에선 "어리석은 존재가 될 것이며, 이상한 사람들로 취급당하게 된다"고 보았습니다. 결국 지상에서 신을 따르는 사람들은 나그네, 길손으로 지냅니다.

나그네로 지낸다고 아무 일도 하지 않는 것은 아닙니다. 아우구스티누스는 지상의 나라 형제와 자매를 돌봐야 할 의무를 부각합니다. 아우구스티누스는 그것을 '신의 은총을 경험한 사람들을 이웃에게로 이끄는 사랑의 강제'라고 표현합니다.

430년에 열병으로 죽음을 맞기까지, 아우구스티누스는 삶과 신앙을 일치시키려고 최선을 다했습니다. 아우구스티누스의 철학은 유럽을 지배했습니다. 『고백록』과 『신의 나라』는 중세 내내 기독교 교육의 가장 중요한 '교과서'였지요.

아우구스티누스의 탐구는 신의 도움이 없이는 잘못된 욕망에 이끌려 갈 수밖에 없는 인간, 그리고 그 인간의 무기력함에 눈뜨지 못했던 로마인들의 실패를 명쾌하게 설명해 줍니다.

일상의 세계는 죄악으로 가득 차 보잘것없으며, 진정한 세상은 신의 나라이고 오직 정신적인 것만이 가치 있게 여겨졌습니다. 신앙이 모든 논리적인 사고 위에 자리했지요. 신과 세계에 대해 논리적으로 따져 묻는 일은 신앙에 대한 위협으로 여겨졌습니다.

아퀴나스의 국가론

유럽의 중세를 오랫동안 지배하던 아우구스티누스의 철학은 13세기에 들어 흔들리기 시작합니다. 인간의 이성을 근본적으로 불신하고 오직 신을 섬기라는 권고에 철학적 의문을 던지는 신학자가 나타나는데요.

토마스 아퀴나스Thomas Aquinas, 1225~1274입니다. 이탈리아에서 성주의 아들로 태어난 그는 당시 귀족의 자제들처럼 수도원에서 초등교육을 받습니다. 귀족인 아버지는 아들이 커서 수도회 원장이 된다면 가문의 영광일 뿐 아니라, 수도원이 보유한 엄청난 재산도 손에 넣을 수 있다고 기대했습니다.

하지만 10대 아퀴나스는 독서를 좋아했습니다. 친구들과 사귀기보다 도서관에 파묻혀 책을 읽으며 지냈지요. 이른바 '출세'에도 도통 관심이 없었습니다.

아퀴나스는 당시 지배 체제가 이단시해 온 아리스토텔레스 책을 읽으며 철학적 사유에 영감을 얻었습니다. 플라톤과 달리 아리스토텔레스는 우리가 살고 있는 세상과 경험을 중시했거든요.

전통적으로 기독교 세계에서 국가는 '인간이 타락한 결과'로 이해해 왔습니다. 그 또한 아우구스티누스의 영향이었습니다. 세속 국가의 속성인 '인간에 대한 인간의 지배와 예속'도 타락에서 비롯했다고 본 거죠.

하지만 아퀴나스는 아리스토텔레스 철학의 영향을 받아 국가를 자연, 곧 인간 본성의 산물이자 모든 인간 공동체의 최종적인 목표 telos라고 생각했습니다. 우리가 이미 살펴보았듯이 아리스토텔레스에 따르면 어떤 사물이든 완성된 상태를 지향하는 것이 그 사물의 '본성'입니다.

사람들이 모여 이루는 공동체도 마찬가지입니다. 국가 수준에 이르러 자급자족, 곧 완성된 상태가 됩니다. 토마스 아퀴나스는 정치적 동물인 인간이 국가를 형성하는 일차적 이유는 생존에 필요한 것을 확보하기 위해서라고 판단했습니다. 인류는 개개인의 혼자 힘으로는 생존이 어려웠고 협력을 통해 가능했다고 본 거죠.

국가를 이루는 또 다른 까닭은 사람이 자신의 덕을 높여감으로써 완전해지기 위해서입니다. 아리스토텔레스의 정치학을 수용한 거죠. 다만 신학자로서 아퀴나스는 사람에겐 그 이상의 목적이 있다고 보았습니다. 인간이라면 마땅히 추구해야 할 '최고의 선'으로 '구

아퀴나스

원'을 제시했습니다.

아퀴나스에게 구원은 '신을 아는 것'입니다. 인간이 정치 공동체로 서로 결합하는 이유도 궁극적으로 구원을 위한 것이고, 신을 찾는 지향이 인간의 본성 속에 있기 때문입니다.

아퀴나스는 개개의 부분들이 전체 안에서 완성될 수 있고 전체도 부분들의 참여로 완성될 수 있다고 보았습니다. 개개인은 국가에, 국가는 신이 창조한 우주에 속해 그 상위의 목적을 위해 자기 기능을 수행함으로써 비로소 부분으로서 완전해지고, 전체의 완성에도 참여할 수 있다는 거죠. 바로 그 최고이자 최후의 목적이 인간의 정치적 행위의 근본 원인입니다.

국가와 교회의 목적은 다릅니다. 전자가 인간의 '자연적 완성'이라면, 후자는 인간의 '초자연적 완성'을 목표로 합니다. 토마스 아퀴나스는 세속 권력과 교회 권력이 직접적으로는 서로 다른 목적을 가지며 그 고유의 목적 안에서 자율적이지만, 간접적으로는 동일한 목적, 곧 인간의 '초자연적 완성'이라는 상위의 목적에 봉사해야 옳다고 생각했습니다.

아퀴나스는 이성과 신앙을 대립하는 것으로 보지 않습니다. '신에게 가는 다른 길'로 서로를 보완한다고 주장했지요. 논리적이고 이성적인 탐구로 신과 세계를 알 수 있다고 보았습니다. 신이 우리에게 준 이성을 최대한 발휘하면 믿음이 더욱 강해져 구원에 더 가까이 갈 수 있다는 거지요.

신을 중심에 두면서도 인간의 상대적 자유를 확립한 아퀴나스의 철학은 인간 중심적이고 세속적인 근대 사상을 모색하는 과정에 깊은 영향을 끼쳤습니다.

마지막으로 주목할 것은 아퀴나스가 재산에 대한 사랑과 신에 대한 사랑은 양립하기 어렵다고 주장한 대목입니다. 아퀴나스는 기독교인이 재산에 대한 집착에서 자유로워야 옳다며 그래야 다른 사람에게 베푸는 행위가 특별한 종교적 뜻을 지니게 된다고 강조했습니다. 자신이 재산으로부터 얼마나 자유로운지를 보여 줄 수 있기 때문이라는 거죠.

토마스 아퀴나스가 새산의 사적인 소유를 부정한 것은 아닙니다. 하지만 그것이 배타적 소유여서는 안 된다고 강조합니다. 다른 사람이 어떤 사물을 조건 없이 향유할 수 없도록 배제할 때에 '배타적 소유'가 발생합니다.

아퀴나스에게 지상의 재화를 사용하는 권리는 인류 전체에 속하는 것이지 '특정 소유권자'에게 속하지 않습니다. 따라서 특정인의 전유물일 수 없는 재산의 사용은 그것을 필요로 하는 사람들에게 열려 있어야 합니다. 바로 그렇기에 재산권은 도덕적 차원만이 아니라 법적으로도 상대화됩니다.

심지어 아퀴나스는 절박한 상황에서 다른 사람의 재산을 몰래 취해 이용하는 것은 절도가 아니라고 주장합니다. 자신의 생명을 유지하려고 취한 것이므로 그 '필요'에 의해 그의 소유가 된다는 거죠. 긴박한 필요가 있을 때나 위험이 임박한 순간에 다른 사람의 재산을 취하는 것은 합법적이라는 사상입니다.

학자들은 아퀴나스의 경제사상에서 현대 국가의 복지 이념을 찾습니다. 지상의 모든 자원은 모든 사람의 공동 소유이기 때문에 합리적으로 필요하다고 인정되는 수준을 넘는 재산의 개인적 소유는 다른 사람들 특히 궁핍한 이웃에 대한 반칙이 됩니다. 과도하게 재산을 소유하고 있는 사람이 가난하고 궁핍한 사람들에게 그것을 나눠 주는 것은 의무라고 강조합니다.

아퀴나스에게 사람은 마땅히 서로 나누고 돌보고 생각하는 피조물입니다. 물질적 재화의 사용은 인간의 영성적 성장을 이루는 수단일 따름이라고 강조한 성 토마스 아퀴나스의 철학은 오늘날에도 생생한 울림을 줍니다.

교부 철학과 예수의 사랑

역사적 예수는 지금의 동서 유럽 전체와 중동, 아프리카 북부를 모두 통치한 로마 제국의 식민지에서 태어났습니다. 3년이라는 짧은 시간 동안 가르침을 종교적 체계로 만든 사람은 바울입니다.

예수 가르침의 고갱이는 사랑이고, 자비였습니다. 예수는 "너희의 아버지께서 자비로우신 것같이, 너희도 자비로운 사람이 되어라"누가복음 6:36며 자비를 강조했습니다.

예수는 전염병자, 창녀처럼 천시당한 사람은 물론, 세금을 거두는 세리처럼 미움 받던 사람들 손까지 기꺼이 잡아 주었습니다. 예수는 누구라도 자신의 도움을 필요로 하는 사람에게는 조건 없이 다가갔지요. 모든 차별, 모든 장벽을 넘어, 고통당하는 사람과 그것을 함께 나누는 자비를 실천했습니다.

예수는 말합니다. "너희는 내가 굶주렸을 때에 먹을 것을 주었고, 목말랐을 때에 마실 것을 주었으며, 나그네 되었을 때에 따뜻하게 맞이하였다. 또 헐벗었을 때에 입을 것을 주었으며, 병들었을 때에 돌보아 주었고, 감옥에 갇혔을 때에 찾아 주었다."

그러면서 너희가 여기 있는 형제 중에 가장 보잘것없는 사람 하나에게 해 준 것이 바로 나에게 해 준 것"이라고 밝힙니다.

예수의 가르침에 충실하려면 당장 우리 주변에 있는 "가장 보잘것없는 사람들"을 '예수'로 여기며 사랑해야 합니다이에 대한 더 상세한 논의는 『10대와 통하는 기독교』를 참고하세요. 아퀴나스 철학의 경제사상도 이런 예수의 가르침에 뿌리를 두고 있는 거죠.

4

지혜   상자

로마 제국은 왜 몰락했을까?

아우구스티누스가 로마 제국의 쇠퇴를 보는 관점은 명료합니다. 기독교가 주창하던 삶의 방식을 로마가 온전히 실천하지 못했기 때문이지요.

하지만 18세기 역사학자 에드워드 기번은 『로마 제국 쇠망사』에서 로마 제국의 멸망을 아우구스티누스와 정반대로 해석합니다. 기번은 '야만족과 기독교의 승리' 때문이라고 기술했지요.

기번에 따르면 로마 제국의 군대에서 교육을 받았던 야만족들의 지도자들은 로마의 문명을 파괴하려 했다기보다 그것을 동경했습니다. 하지만 세속적 영광을 경멸했던 기독교는 로마의 문명을 부정했습니다. 기번은 로마 제국이 2세기에 거의 이상적인 국가를 이뤘다고 봅니다. "거대한 제국의 판도는 미덕과 지혜로 다스리는 절대 주권에 의해 통치"되고 있었으며 군대는 "현명한 군주들이 지닌 견실하고 유연하며 따사로운 손길에 의해 통제"되어 있었다는 것이죠.

하지만 기독교가 서서히 로마인들의 정신을 사로잡아 마침내 그들의 전투적이고 시민적인 삶의 방식을 도태시켰다고 비판합니다. 기독교 성직자들이 묵묵히 참을 것과 '겁쟁이의 교리'를 끊임없이 설교하고 가르쳤다는 것이지요. 그 때문에 로마인들의 다양하고 적극적인 삶의 태도는 억압되고 마지막으로 남은 상무의 정신도 수도원에 잠들게 되었다고 서술합니다.

기번의 날카로운 비판은 로마 제국의 심장부로 들어간 초기의 기독교인들뿐만 아니라 계몽주의 시대까지 기독교가 유럽에서 지배적 위치를 유지할 수 있게 한 철학자 아우구스티누스를 겨누고 있습니다. 기번이 신학자와 역사가를 비교하며 교부 철학을 비판한 대목은 18세기 계몽주의의 시대정신을 오롯이 담고 있습니다. 신학자는 "종교의 천진난만한 순결을 몸에 두르고 하늘에서 내려오는 내용만을 설교하는 유쾌한 일에 종사"할 수 있습니다. 그렇지만 역사가는 다르다는 거죠. 그것을 "더욱 음산한 의무가 짐 지워져 있다"고 서술합니다. 역사가라면 종교란 어리석고 타락한 인간들이 오랜 지상 생활을 통해 저절로 몸에 익숙해진 오류와 잘못도 불가피하게 섞여 있는 혼합물임을 지적해야 한다는 겁니다.

로마의 몰락을 분석하는 철학적 관점은 크게 두 가지로 갈려 지금까지 논쟁하고 있습니다.

Philosophy

3

Europe

우상에서 벗어나 경험과 이성의 세계로

근대 철학의 문을 연 베이컨

1543년부터 1687년. 코페르니쿠스가 인류의 오랜 고정관념인 천동설을 벗어나 태양을 중심에 둔 지동설을 담은 논문 「천구의 회전에 관하여」를 발표한 해부터 뉴턴이 『자연 철학의 수학적 원리』를 출간한 해까지입니다. 150년 남짓한 그 시간대에 유럽에서 일어난 지적 발견들을 역사가들은 '과학 혁명scientific revolution'이라 부릅니다.

과학 혁명은 유럽의 백인들이 근대 문명을 주도하는 밑바탕이 되었는데요. 유럽의 과학 혁명에 가장 큰 기여자는 아랍 문명이었습니다.

기독교가 사상의 자유를 억압했던 유럽의 중세 시대 내내 이슬람 세계는 학문의 자유를 적극 보장했습니다. 유럽이 문화적 지체 상태에 있던 중세 시대에 아랍의 바그다드는 육상과 해상 실크로드의 중심지로 쑥쑥 커갔지요.

8세기에 이슬람 지도자는 '평화의 도시'라는 뜻의 바그다드를 문화 도시로 만들고자 '지혜의 집'으로 불리는 거대한 도서관을 건설했습니다. 인도의 산스크리트어, 페르시아어, 그리스어 유산들을 모두 아랍어로 번역했고 동아시아의 중국과도 소통했습니다. 바그다드 골목마다 마을 도서관과 도서 시장이 들어섰지요. 유클리드·아르키메데스·아폴로니오스의 수학, 프톨레마이오스의 천문학, 히포크라테스·갈레노스의 의학 책들이 번역되고 인도의 천문학과 수학도 들어왔습니다.

기독교 국가들은 번창해 가던 이슬람을 상대로 예루살렘을 되찾겠다며 '십자군 전쟁'을 벌였습니다. 그런데 그 야만적 학살과 약탈은 아랍 문명과의 만남이라는 전혀 의도하지 않는 결과를 낳았습니다.

기독교의 경직된 교리에 갇혀 있던 유럽이 이슬람의 학문과 예술을 만나면서 르네상스와 계몽주의, 과학 혁명의 씨앗이 뿌려집니다. 이슬람이 없었다면, 유럽의 근세가 없었다고 분석하는 과학자들의 연구도 많이 나와 있습니다.

과학 혁명의 출발점인 '코페르니쿠스적 전환'은 지구를 세상의 중심으로 여겨 온 인류에게 큰 충격이었습니다. 특히 오랜 중세 시대에 걸쳐 기독교 성직자들이 누려온 정신적·철학적 권위가 큰 타격을 받았습니다.

신이 창조한 땅인 지구가 우주의 중심이 아니라는 과학적 진실은 기독교와 '하늘에 앉아 있는 신'이라는 믿음에 치명상을 입혔습니다. 150년 남짓 흘러 뉴턴이 '만유인력'이라는 단일한 원리로 우주 현상을 풀이해 냄으로써 과학 혁명을 완수했다는 찬사를 받을 때까지 전개된 과학 혁명의 가장 도드라진 특징은 '지식을 얻는 방법론'의 혁명적 전환입니다.

중세의 학문을 딛고 새로운 철학을 모색했던 선구적 철학자가 프랜시스 베이컨Francis Bacon, 1561~1626입니다. 영국 경험론의 창시자라는 철학사적 평가를 받는 베이컨은 영국 명문 귀족의 아들로 태어나 그 자신도 대법관까지 올랐습니다.

베이컨은 기독교 사상만 진리라고 하는 중세 철학에서 벗어나 과학적 지식을 중요하게 생각하고 경험을 강조함으로써 새로운 철학의 문을 열었습니다. 우리가 익히 들어온 말 "아는 것이 힘이다"를 강조하며 경험을 통해, 직접 관찰하고 실험하면서 지식을 쌓아야 한다고 주장했습니다. "경험은 거짓말을 하지 않는다"는 베이컨의 유명한 경구는 왜 그가 연 근대 철학을 '경험론'이라고 하는지 웅변해 줍니다.

베이컨이 쓴 대표적 철학 책이 1620년에 발간된 『신기관』입니다. 라틴어로는 '노붐 오르가눔' 곧 'New Organ', 새로운 기관이지요. 아리스토텔레스의 사유 방식을 '오르가눔organum'이라 했거든요. 라틴어 오르가눔organum은 기관, 방법, 논리, 규준의 뜻을 모두 담고 있습니다.

그러니까 '신기관'은 토마스 아퀴나스 이후 유럽 철학을 지배한 아리스토텔레스의 논리에 맞서는 새로운 학문 방법 또는 논리를 뜻합니다. 아리스토텔레스의 논리학, 곧 사유 방법은 연역법인데요. 어떤 명제의 옳고 그름을 경험에 근거해서 판단하지 않고, 논리적인 추론으로 결정합니다.

바로 3단 논법이 대표적인 연역법적 사유입니다. '인간은 이성적 동물이다. 아퀴나스는 인간이다. 따라서 아퀴나스는 이성적 동물이다.' 하는 식인데요. 사뭇 논리가 명쾌해 보이지만 함정이 있습니다.

기독교와 아리스토텔레스를 접목한 철학자 아퀴나스를 넣은 삼단 논법에 누군들 유감이 있겠어요. 하지만 그 삼단 논법에 다른 이름을 넣어 볼까요? '인간은 이성적 동물이다. 히틀러는 인간이다. 따라서 히틀러는 이성적 동물이다'가 됩니다.

베이컨은 "아는 것이 힘"이라고 동시대 사람들을 계몽해 가면서도 모든 지식이 옳다고 생각하지는 않았습니다. 베이컨이 제시한 새로운 방법과 논리가 귀납법입니다. 개별적인 사례들을 하나하나

베이컨

정확하게 관찰하고 조사해서 일반적인 명제를 이끌어 내고 결론으로 가장 일반적인 명제를 제시하는 방법이지요.

베이컨은 실제 현실에서 관찰한 자료를 수집하는 것이 무엇보다도 중요하다고 강조합니다. 그는 인류가 앞으로 발전하려면 과거로부터 얻은 잘못된 지식과 선입견에서 벗어나야 한다고 주장했지요. 잘못된 지식과 선입견은 우리가 현실을 있는 그대로 보지 못하게 막는 장애물에 지나지 않습니다.

베이컨은 새로운 철학을 연 선구자답게 그때까지의 학문을 단순히 자연에 대한 예단에 지나지 않았냐고 용감하게 비판합니다. 관찰이나 실험에 바탕을 두지 않은 일반적인 명제를 '우상'으로 매섭게 지칭했는데요. 여기서 '우상'은 "인간의 정신 속에 있는 편견"을 이릅니다.

베이컨은 인간 지성이 나아가야 할 길을 제시한 『신기관』에서 "인간의 지성을 고질적으로 사로잡고 있는 우상과 그릇된 관념들은 인간의 정신을 혼미하게 할 뿐만 아니라 우리가 발견할 수 있는 진리조차도 얻을 수 없게 만든다"고 선언했습니다. 그러므로 인간이 모든 가능한 수단을 동원해서 용의주도하게 그 우상들로부터 스스로를 지키지 않는 한, 학문을 혁신하려고 해도 이내 곤경에 빠지고 말 것이라고 경고했지요.

우상을 버리고 진리를 추구하다

베이컨은 사람이 사로잡혀 있는 우상을 네 가지 범주로 나누어 차례차례 비판했습니다. 여기서 독자들 스스로 그 우상을 지니고 있는지 점검해 보면 이미 베이컨과 함께 철학을 하고 있는 셈이지요.

먼저 종족의 우상입니다. 인간의 주관적 편향을 말하는데요. 인간성 그 자체, 인간이라는 종족 그 자체에 뿌리박고 있습니다. 베이컨은 '인간의 감각이 만물의 척도다'라는 고대 그리스 철학의 명제를 예시하며 그것은 인간이 우주를 지식의 준거로 삼지 않고 인간 자신을 준거로 삼기 쉽다는 것을 여실히 보여 준다고 지적했습니다.

거울로 비유해 볼까요? 거울의 표면이 고르지 못하면 사물을 본디 모습대로 비추지 않습니다. 사물에서 나오는 반사 광선을 왜곡하고 굴절시키듯이 인간의 지성도 마찬가지라고 경계했습니다.

두 번째는 동굴의 우상으로 인간 개개인이 지닌 우상입니다. 종족의 우상은 모든 인간이 인류로서 보편적으로 지닌 한계였지요. 일찍이 플라톤은 동굴에 갇힌 인간은 벽에 비친 그림자, 곧 실재 세계의 가상을 진리로 여긴다고 주장했습니다. 베이컨은 동굴 속에 갇힌 인간이 자신들이 본 그림자만을 진리라고 여긴다면서, 모든 인간은 각자의 우상, 곧 동굴의 우상을 지닌다고 꼬집었습니다.

베이컨이 보기에 각각의 개인은 자연의 빛light of nature을 차단하거나 약화시키는 동굴을 지니고 있는데요. 여기에는 여러 원인이 있습니다. '개인 고유의 특수한 본성'에 의한 것일 수도 있고, 교육이나 다른 사람에게 들은 이야기에 의한 것일 수도 있고, 그가 읽은 책이나 존경하고 찬양하는 사람의 권위에 의한 것일 수도 있고, 그도 저도 아니라면 첫인상에 의한 것일 수 있습니다. 인간의 정신은 각자의 기질에 따라 변덕이 심하고, 동요하며 우연에 좌우된다고 보았지요.

세 번째, 시장의 우상은 사람들의 접촉에서 일어납니다. 소통은 언어로 이루어지기에, 이 우상은 '언어에 의한 오류'를 이릅니다. 의사소통 수단인 언어는 일반인들이 이해하는 수준에 맞추어 결정되기 때문에 언제든 잘못 만들어질 수 있다는 것이지요.

학자들의 책임도 꼬집었습니다. 학자들이 자신의 '이론'을 방어하고 지킬 목적으로 새로운 정의나 설명 따위를 내놓는다고 비판했지요. 베이컨은 언어가 "모든 것을 혼란 속으로 몰아넣고, 인간으로 하여금 공허한 논쟁이나 일삼게 하고, 수많은 오류를 범하게 한다"고 판단했습니다. 그래서 시장의 우상을 "모든 우상 가운데 가장 성가신 우상"으로 꼽았습니다.

"사람들은 자신의 이성이 언어를 지배한다고 믿지만, 실상 언어가 지성에 반작용하여 지성을 움직이기도 한다"는 베이컨의 말은 20세기에 꽃핀 언어 철학을 일찌감치 선구하고 있습니다.

마지막 네 번째로 극장의 우상이 있습니다. 이는 기존의 학문적 체계를 맹신하는 데서 일어납니다. 물론 베이컨도 학계에서 인정받고 있는 학문은 검증된 것임을 부정하지 않습니다. 시간이 흐르면서 형성되고 인정된 학문 체계에 대한 믿음은 자연스럽다고 볼 수도 있습니다.

하지만 무비판적으로 특정 학문 체계를 무작정 믿을 때 극장의 우상이 됩니다. 기존의 학문 체계를 따르더라도 충분히 검토하고 심사숙고한 뒤에 받아들이라는 거지요.

베이컨에게 지금까지 받아들여지고 있거나 고안된 철학 체계들은 모두 "환상적이고 연극적인 세계를 만들어 내는 각본과 같은 것"입니다.

그가 꼽은 '각본'의 목록에는 고대 철학과 그 시대의 철학만이 아니라 "구태의연한 관습"은 물론 "경솔함과 게으름이 만성화되어 있는 여러 분야의 많은 요소들과 공리들"까지 들어 있습니다.

베이컨은 왜 과학적 연구가 필요한가를 에두르지 않고 거론합니다. "사람들은 대체로 적은 것에서 너무 많은 것을 이끌어 내거나, 많은 것에서 극히 적은 것만을 이끌어 내어 그들 철학의 토대를 세우기 때문에, 그 어느 쪽이든 불충분한 소수의 사례만으로 판단을 내리게 된다"는 것입니다.

종족, 동굴, 시장, 극장의 우상을 벗어나 지식의 새로운 방법으로 귀납법을 제시한 베이컨은 추상적 사변에 탐닉해 온 전통적 공부와 단절을 주장합니다. 실험을 하고 개개의 사례를 비교하며 고찰해서 자연의 일반 법칙을 찾아내라는 거지요.

베이컨이 참다운 지식에 도달할 수 있는 열쇠로 제시한 '실험'은 과학 방법론으로 정립되어 갔습니다. 먼저 사실을 관찰하고 경험을 바탕으로 가설을 세운 다음에 그 가설을 검증하기 위하여 실험과 경험으로 되돌아가는 연구 방법입니다. 그렇게 개념과 공리를 형성해 가야 우상들에 굴복하지 않을 수 있습니다.

『신기관』을 출간한 이듬해에 베이컨의 정치적 지위는 곤두박질칩니다. 1621년 뇌물 수수를 포함한 20여 건의 부패 혐의로 의회의 탄핵을 받고 기소당했거든요. 일상생활에서 낭비가 심했던 베이컨은 고위 관직에 오르면서 공공연히 금품을 받아 챙겼습니다. 법관으로서 소송 당사자들에게 뇌물을 받은 것은 당시에도 죄질이 나쁜 범죄로 지탄받았지요.

베이컨은 자신이 비록 금품을 받았을지언정 그것이 판결에 실제로 영향을 끼치지는 않았노라고 구차한 변명을 했습니다. 결국 공직을 박탈당했고 거액의 벌금형을 받았습니다. 런던 탑에 갇혔다가 풀려나서는 집에서 두문불출했습니다.

권력과 영광의 정점에서 추락한 베이컨은 빚에 시달렸습니다. 더구나 아내는 불륜을 저질러 사실상 이혼 상태가 되었지요. 건강이 갈수록 나빠져 예순다섯 살에 삶을 마감했습니다.

베이컨은 유럽의 철학사에서 정치적 지위가 높았던 동시에 '권력형 부패' 때문에 가장 조롱받은 철학자로 꼽힙니다. 우상을 비판한 뛰어난 철학자였지만 권력을 탐하고 부패했던 철학자라는 불명예도 안았지요.

데카르트와 '개인'의 발견

섬나라 영국에서 베이컨이 실험과 귀납으로 근대 학문의 길을 열었을 때, 유럽 대륙에서 종래의 학문을 벗어나 새로운 연구 방법을 정립한 철학자가 있습니다. 르네 데카르트René Descartes, 1596~1650입니다. 경험론과 함께 근대 유럽 철학의 두 기둥을 이룬 합리론을 개척한 철학자이지요.

경험론이 모든 인식은 경험에서 비롯한다고 주장하며 현실에서 마주치는 개별적인 사례들을 종합해서 결론을 내리는 귀납적 방법

데카르트

을 제시한 것과 달리, 합리론은 우리의 이성을 '선천적 인식 능력'으로 신뢰하고 어떤 하나의 명제로부터 개별적 명제를 논리적 엄밀성으로 도출하는 연역적 방법을 고수합니다.

이성을 전적으로 신뢰한다는 점에서 중세 철학의 연역법과는 차이가 뚜렷합니다. 프랑스를 비롯한 유럽 대륙에서 인간의 선천적 이성을 확신하고, 수학을 언제 어디서나 보편타당한 연구 방법으로 삼는 합리론이 철학의 큰 흐름을 이루게 된 건데요.

데카르트는 진리를 확실하게 인식하려는 인간에게 허용된 길은 명증적 직관과 필연적 연역 둘뿐이라고 주장합니다. 그래서 모든 명제를 자명한 공리로부터 연역해 내는 기하학적인 방법을 철학에 도입했지요.

중세를 지배해 온 목적론적 자연관에 맞서 데카르트는 기계론을 제시했습니다. 우주 공간이 물질과 그 운동으로 이루어져 있으며, 물질의 운동에 대한 이해를 통해 거시적인 우주 전체의 운동을 설명할 수 있다고 보았습니다.

프랑스 귀족 가문에서 태어난 데카르트는 선천적으로 몸이 약했기에 학교조차 그의 늦잠을 허용했을 정도였습니다. 이때부터 침대에 누워 사색하는 습관을 지니게 되었지요. 스무 살이 되면서 당시 귀족의 아들들이 그랬듯이 아버지의 권유로 군대에 몸담습니다. 장교로 복무하면서도 수학을 공부하던 데카르트는 꿈에서 철학 체계를 새롭게 정립하라는 신의 계시를 받았다고 하지요.

군 복무를 마치고 파리에 머물다가 당시 유럽에서 학문 활동이 가장 자유롭던 네덜란드에 정착해 본격적인 철학 탐구에 몰입했습니다. 철학 공부에 몰입하려고 은둔자적인 생활을 선택한 건데요.

사람들과 만나는 시간을 줄이고 하루에 열 시간씩 잠을 자면서 사색하고 글을 써 갔습니다. 찾아오는 사람들을 피해 20년 동안 열세 번이나 이사를 했으며, 아주 친한 친구들 이외에는 주소조차 가르쳐 주지 않았습니다.

그러나 글 쓰는 일은 여전히 자유롭지 못했습니다. '세계'라는 제목으로 처음 쓴 글은 지동설을 주장한 사람들을 서슴지 않고 처형하는 교회와의 마찰을 걱정해 그대로 불태워 버렸습니다.

다음 저작인 『방법서설』은 익명으로 내놓았고, 그로부터 다시 4년이 지나서야 비로소 자기 이름으로 『제1 철학을 위한 명상』을 발간했습니다. 적어도 이 책만은 교회의 주장과 일치된다고 믿어 파리 대학에 기증까지 했지요. 하지만 데카르트의 예상은 빗나갔습니다. 기증한 책은 얼마 가지 않아 금서 목록에 올랐습니다.

데카르트는 수학처럼 엄밀한 연역적 방법으로 모든 것을 하나의 근본 개념에서 이끌어 내고자 했는데요. 우리의 지식이 더는 의심할 수 없는 원리로부터 시작해야 옳다면, 무엇보다도 그 출발점이 확실한 기초 위에 서 있는지를 따져 봐야겠지요.

데카르트는 모든 의심을 이겨 낼 제1명제를 정립하기 위해 철저한 회의에 들어갔습니다. 그의 철학을 '방법론적 회의' 개념으로 설명하는 이유입니다.

학교에서 배운 내용이나 사람들과 만남을 통해 얻은 앎은 물론, 더 나아가 이 세계가 정말 존재하는가 아니면 한낱 상상에 불과한가에 대해서도 의심해 보았습니다.

철저한 회의와 의심 끝에 데카르트는 절대로 의심할 수 없을 뿐만 아니라 의심하면 할수록 오히려 더욱 확실한 진리를 찾아냈습니다. 바로 내가 지금 이 순간에 의심을 하고 있다는 것, 다시 말해 '내가 생각하고 있다'는 사실이었습니다.

모든 것을 의심할 수 있지만, 내가 현재 의심하며 생각하고 있다는 사실은 도저히 의심할 수 없다고 본 거죠. 내가 생각하고 있다는 것이 확실하다면 생각하는 주체로서 나 자신도 부정할 수 없다고 보았습니다. 사유의 주체 없이 사유 작용이 일어날 수는 없기 때문입니다.

데카르트는 그것을 "나는 생각한다. 그러므로 나는 존재한다코기토 에르고 숨, cogito ergo sum"는 명제로 정립했습니다. 그 명제를 움직일 수 없는 출발점으로 삼았지요.

데카르트의 '나는 생각한다. 그러므로 나는 존재한다'는 명제는 당시의 정치 사회적 변동과 밀접한 관련이 있습니다. 견고한 신분 제도 아래에서 살아온 중세인들에겐 '나'보다 '신분'이 중요했거든요. 그런데 신분이 아닌 '생각하는 것'으로 존재하는 '나'에 대한 강조는 '개인의 발견'이라는 근대 사회의 흐름과 이어집니다.

중세 신분 체제를 이끈 우상을 벗어나기 위해 베이컨은 나 자신의 경험을, 데카르트는 나 자신의 이성을 중시하면서 개인의 자주적인 철학을 열어 간 셈입니다.

데카르트는 제1명제에서 출발해 '존재하기 위해 다른 아무것도 필요하지 않은 것', 그러니까 스스로 존재하는 것을 찾아 그것을 실체라고 정의했습니다. 데카르트는 정신과 물질을 두 실체로 제시했지요. 정신과 물질은 서로 떨어져 있어서 상대와 아무런 영향을 주고받지 않는다고 보았습니다.

정신의 속성은 사유, 물질의 속성은 연장입니다. '연장'이란 개념이 낯설 수 있겠는데요. '공간을 차지하고 있는 것'으로 이해하시면 됩니다. 데카르트는 정신은 사유하지만 연장이 없는 실체이고, 물질은 사유하지 않고 다만 연장을 가진 실체일 뿐이라고 주장합니다.

두 가지는 서로 독립적으로 존재한다며 정신과 물질을 엄격하게 분리했습니다.

또한 정신이 사유하는 존재에게만 있기에 사유 능력이 없는 동물은 기계와 다를 바 없다고 주장했습니다. 동물의 권리를 사유하는 21세기의 정신에 비추면 받아들일 수 없는 생각이겠지요.

데카르트의 철학은 스피노자를 거쳐 독일 철학으로 전개되고, 베이컨의 철학은 영국의 철학자들인 로크와 버클리, 흄으로 이어집니다. 자연스레 유럽 대륙은 이성을 지식의 중요한 근원 및 검증 수단으로 보는 합리론合理論, rationalism이, 영국은 경험론이 큰 흐름을 이뤘습니다.

경험과 이성의 철학

존 로크J. Locke, 1632~1704는 청교도적 신앙과 혁명가적 기풍이 강한 집안에서 태어났습니다. 베이컨의 영향을 받아 경험을 중시한 로크에게 인간의 모든 의식은 밖에서부터 받아들인 외적 경험이거나 또는 그것을 가공한 내적 경험입니다.

로크는 내적 경험도 외적 경험에서 올 수밖에 없으므로, 모든 인식은 결국 외적 경험에서 비롯한다고 주장했습니다. 인간은 외부 사물을 감각으로 경험함으로써 단순 관념을 얻고, 그 단순 관념을

로크

결합해서 복합 관념을 만들어 낸다는 거죠.

로크의 주장은 신이 인간에게 사물의 본질에 대한 지식을 알 수 있도록 미리 '본유 관념innate ideas'을 부여했다는 대륙의 합리론을 정면으로 논박했다는 철학사적 의미를 지니고 있습니다.

로크는 동시대의 자연 과학자들과 적극 소통하며 과학의 성과를 주시했기에 유럽 대륙의 합리론을 도저히 받아들일 수 없었습니다. 로크가 정립한 경험주의 철학은 인간 지성의 오류와 불확정성을 인정하는 열린 자세를 전제로 삼고 있습니다.

버클리George Berkeley, 1685~1753는 우리가 경험을 어떻게 지각하는지 파고들어 모든 관념의 기원을 지각에서 찾았습니다. 이윽고 "존재하는 것은 지각되는 것"이라고 주장했는데요. 우리가 지각하지 못하는 것은 존재하지 않는다는 명제이지요. 이는 버클리의 철학이 유아론唯我論, solipsism으로 비판받는 근거가 되었습니다. 유아론은 실

10대와 통하는 철학 이야기

재하는 것은 오직 자아이고, 다른 것은 자아의 의식 속에 존재하는 것이라는 인식론입니다. 극단적 형태의 주관적 관념론이지요.

하지만 버클리는 신을 내세워 유아론을 벗어납니다. 영원불변하고 공명정대한 신이 모든 사람에게 똑같은 관념을 부여하기 때문에 유아론에 빠지지 않는다는 거죠.

신이 우리에게 관념을 주었다면 당연히 의문이 제기될 수 있겠지요. '왜 우리는 자연의 법칙을 미리 또는 모두 파악하지 못할까?'가 그것입니다.

버클리는 우리가 초월적인 존재인 신의 생각을 이해할 수 없기 때문이라고 풀이합니다. 다만 관찰이나 경험으로 파악하는 길밖에 없다는 거지요.

그래서 버클리는 과학이 종교와 모순되지 않는다고 주장했는데요. 당시 발전하고 있던 자연 과학의 기반을 종교에 둠으로써 중세의 지배적인 사회 질서를 옹호하는 철학이라는 비판을 받기도 했습니다.

경험주의는 흄David Hume, 1711~1776에 이르러 회의주의로 귀결됩니다. 그는 파리 주재 영국 대사관의 서기관으로 일하면서 지식인들과 폭넓게 사귀었습니다. 나중에 외부 차관까지 지냈지요. 그는 '회의주의를 버리라'는 주변의 권유를 죽음의 순간까지 완강히 거절합니다.

로크, 버클리와 마찬가지로 흄도 인간의 타고난 본유 관념이란 존재하지 않으며, 의식의 모든 내용은 후천적인 경험에서 생겨난다고 보았습니다.

모든 것을 회의함으로써 실체로서 정신과 물질을 모두 부정한 흄에게 중요한 것은 오직 관념입니다. 그런데 관념조차 어떤 원인의 필연적 결과라기보다는 언제라도 달라질 수 있는 것에 지나지 않습니다.

흄은 인과 법칙도 관념에 지나지 않는다며 부정합니다. 우리가 현상에 익숙해지다 보면 필연으로 인식하지만 실제로는 습관에 불과하다는 거예요. 그가 보기에 인과 법칙도 이러한 잘못된 관념에 지나지 않아요. 우리가 경험하는 현상이 영원히 계속되리라고 확신할 수 없기 때문입니다. 그렇다고 흄의 회의주의가 인과율을 깡그리 부정하는 건 아닙니다. 흄도 인과율이 실제 생활에서 효용성이 있다는 것을 인정합니다.

흄의 철저한 회의는 철학에 의미 있는 화두를 던졌습니다. 계몽의 철학자 칸트는 흄을 통해 비로소 '독단의 잠'에서 깨어날 수 있었다고 고백했는데요. 딱히 칸트가 아니더라도 사람들이 당연하게 생각하는 것에 의문을 던지는 회의는 철학 정신의 주요 덕목 가운데 하나입니다.

요컨대 기독교와 교부 철학이 지배하던 유럽의 중세를 벗어나려는 철학적 움직임이 영국에서는 경험을, 유럽 대륙에서는 이성을 중심에 두고 전개됐다고 정리할 수 있습니다.

스피노자의 '실체론'과 라이프니츠의 '단자론'

세상을 정신과 물질의 두 실체로 보는 이원론을 전개한 데카르트는 인간도 육체와 정신으로 구성되었다고 보았습니다. 그런데 네덜란드의 철학자 스피노자Baruch de Spinoza, 1632~1677는 '실체' 개념을 다르게 정의합니다.

실체를 '다른 것의 도움 없이 스스로 존재하는 것'으로 정의한 데카르트와 달리, '모든 사물을 밑받침 또는 뒷받침하면서, 모든 존재를 융합하거나 포괄하는 일자一者 또는 무한자'로 파악했습니다.

이는 사실상 신의 개념과 다름없습니다. 모든 존재를 포괄하고 있기에 자연의 개념과도 일치합니다. 스피노자 철학에서 실체는 곧 신이고 자연입니다.

신은 사유의 특성도 연장의 특성도 지니고 있습니다. 모든 것은 신을 통해 존재하므로, 개별적 사물도 마찬가지입니다. 따라서 사유의 관점에서 보면 정신으로, 연장의 관점에서 보면 물질로 나타난다는 거지요. 그러니까 데카르트처럼 두 개의 실체가 존재하는 것이 아닙니다. 달리 관찰되는 하나의 실체가 있을 따름입니다. 데카르트의 이원론은 스피노사에 이르러 일원론이 됩니다.

세상의 모든 존재는 자신을 관철하려고 노력합니다. 인간도 자기주장을 관철하려는 본능이 강하지요. 모든 자연 현상이 그렇듯이 인간의 행동도 그 불변의 법칙을 따를 수밖에 없다고 스피노자는

스피노자

보았습니다.

 자연이 법칙을 따를 때 최고 상태에 도달하듯이 인간도 그 본연의 법칙을 따를 때 최고의 덕에 이릅니다. 스피노자는 본능적으로 자기주장을 관철하고 싶은 인간에게 본연의 법칙은 이성이라고 강조합니다. 인간은 이성에 따라 행동할 때, 최고의 덕을 이룰 수 있다고 본 거죠.

 인간에겐 본능은 물론 감정도 있지만 이를 이성이 조절해서 올바르게 행동하도록 도와야 합니다. 감정이나 본능을 불신하며 이성에 무한한 신뢰를 보내는 사유는 합리론의 특징이기도 합니다.

 그의 명성이 높아지자 독일 하이델베르크 대학에서 철학 교수직을 제안하지만 거절합니다. 연구를 방해받기 싫기도 했고, 젊은 시절부터 안경 렌즈를 손질하는 기술을 익혀 교수직이 아니어도 생계

라이프니츠

를 이어갈 수 있었기 때문입니다.

데카르트와 스피노자의 영향을 받은 라이프니츠^{G. W. Leibniz,} 1646~1716는 독일 철학에 이성을 중시하는 합리론을 뿌리내리게 했습니다. 그는 원자의 개념에서 착안해 완전을 지향하는 힘의 개념으로 '모나드^{monade, 단자}'라는 개념을 창안했습니다.

모든 단자는 개체이자 정신인데 각각 독특한 방법으로 우주를 반영합니다. 가장 높은 수준의 단자는 신입니다. 라이프니츠는 모든 단자들이 각각의 법칙을 지키면서 전체적으로 완전한 일치에 이르도록 신이 미리 실세해 놓았다고 주장했는데요. 그것을 '예정 조화설'이라 부릅니다.

존 로크 '백지론'의 철학적 의미

타불라 라사tabula rasa. 로크의 중요한 철학 개념입니다. 라틴어로 '아무것
도 씌어 있지 않은 종이' 곧 백지라는 뜻인데요. 로크는 우리 의식이 이와
같다고 말합니다. 깨끗한 종이처럼 비어 있는 의식에 경험이 더해짐으로
써 관념이 생긴다는 거지요.

인간은 태어날 때 모두 '백지'라는 철학적 명제는 지금 보면 대수롭지
않게 다가오지만, 시대적 상황을 짚어 보면 혁명적 의미를 쉽게 짐작할 수
있습니다. 유럽의 중세에서 인간은 결코 '하얀 종이' 상태로 태어나지 않
거든요. 신분 제도 아래에선 어느 가문에서 태어났느냐가 한 사람의 인생
을 좌우합니다.

따라서 모든 인간은 백지상태로 태어난다는 철학은 핏줄^{혈연}에 기반을
둔 신분 제도 아래서 억압받고 있던 사람들에게 희망과 힘이 되었지요. 데
카르트의 '코기토 에르고 숨'과 함께 로크의 '타불라 라사'는 혁명의 씨앗
을 품고 있었습니다.

그 연장선에서 로크의 교육론이 전개됩니다. 배우는 사람들에게 어떤
틀을 주입해서는 안 되고, 스스로 발전하도록 도와주어야 한다고 주장합
니다. 일방적으로 훈시할 것이 아니라 학생들이 자신의 생각을 펼쳐 가도
록 도와야 한다는 거죠. 자유롭고 성숙한 개성에 이르는 자주성을 중시한
까닭입니다.

'타블라 라사'에 기반한 로크의 정치사상은 민주주의 진전에 큰 영향을 끼쳤습니다. 모든 인간은 평등하다는 인권 의식을 높였고, 왕과 귀족이 독점한 체제에서 삼권 분립으로 정치 제도의 전환점을 마련했습니다.

로크는 모든 사람에게 평등한 법을 통해 개개인의 정당한 소유를 보장하는 것을 통치자의 의무로 보았습니다. 왕과 귀족들이 상공인들의 재산을 자의적으로 뺏어 온 관행에 쐐기를 박자는 것이었지요.

어떤 통치자도 개개인의 종교적 신념을 좌우할 수 있는 권력을 신으로부터 부여받지 않았다며 정치와 종교의 분리도 주장했고, 정치적으로 경험론에 근거해 이성의 오류 가능성을 강조함으로써 관용의 필요성을 역설했습니다.

로크의 명성은 그가 죽은 뒤에 프랑스 혁명과 미국 독립 전쟁을 거치며 더 높아졌습니다. 그의 철학은 초법적이고 특권적인 힘을 행사하는 권력에 대한 저항, 권력의 남용에 대한 저항을 민중의 권리로 인식하는 디딤돌이 되었습니다. 저항권은 그 뒤 민주주의의 주요 원리로 뿌리내렸지요.

다만 로크도 17세기의 시대적 한계를 넘어서진 못했습니다. 가령 사회적 약자에 대한 배려를 개개인의 자유로운 선택에 맡겼지요. 다른 사람들을 전혀 고려하지 않고 재산을 축적하는 행위도 궁극적으로는 공동선에 이바지할 수 있다고 주장했습니다.

무엇보다 영국의 식민지인 미국의 원주민과 흑인 노예에 대해 로크는 제국주의적 편견에 젖어 있었습니다.

Philosophy

4

Europe

미성숙의 계몽과
자기 고투

계몽주의 철학의 상징 칸트

"생각하면 생각할수록 점점 더 커지는 놀라움과 두려움에 휩싸이게 하는 두 가지가 있다. 밤하늘에 빛나는 별과 내 마음속의 도덕률이 그것이다"

철학자 임마누엘 칸트Immanuel Kant, 1724~1804의 유명한 묘비명입니다. 소크라테스에 버금가는 철학자의 대명사가 칸트이지요.

묘비명은 그가 공들여 쓴 책『실천 이성 비판』의 마지막 문장입니다. 철학자의 숭고한 감성과 경건한 도덕성이 묻어나지요. 칸트는 일상생활에서도 하루를 시간별로 계획하고 엄격히 지킴으로써 자기 관리에 철저했습니다. 태어난 도시를 평생 떠나지 않으면서 인류의 존엄성을 철학으로 정립하는 일에 평생을 바쳤습니다.

칸트가 독일^{당시는 프로이센}에서 철학을 시작할 때 영국 경험론은 극단적인 회의주의로, 유럽 대륙의 합리론은 독단으로 흐르고 있었지요.

경험론이나 합리론 모두 중세 철학을 비판하며 계몽을 내세웠지만, 칸트는 자신의 시대가 '계몽된 시대'가 아니라 단순히 '계몽의 시대'일 뿐이라고 진단했습니다. 시대적 과제로서 계몽을 멈추지 않고 지속해 가야 옳다는 뜻이지요.

칸트는 경험론의 회의주의와 합리론의 독단주의를 넘어서는 철학을 전개했다는 평가와 함께 '계몽주의 철학'의 상징으로 꼽힙니다.

그렇다면 곧장 물음을 던져 볼까요? 계몽이란 무엇일까요?

일상에서 많이 쓰는 말이지만 막상 그 말을 정의하려면 쉽지 않습니다. 국어사전을 찾아보면 계몽을 '지식수준이 낮거나 인습에 젖은 사람을 가르쳐서 깨우침'이라고 풀이해 놓았습니다.

그렇다면 계몽의 철학자 칸트는 어떻게 설명했을까요? 그의 설명에서 우리는 철학의 깊이를 새삼 깨닫게 됩니다. 칸트는 계몽을 "인간이 마땅히 스스로 책임져야 할 미성숙으로부터 벗어나는 것"이라고 정의했습니다.

여기서 미성숙을 '스스로 책임져야 한다'는 대목이 중요합니다.

'미성숙'은 어떤 상태를 뜻하는 걸까요? 흔히 누군가를 겨냥해 '미성숙하다'는 말을 많이 쓰는데요. 철학자 칸트의 정의를 마저 살펴보지요. 미성숙이란 "다른 사람의 도움 없이 스스로 자신의 이성을 사용할 수 없는 상태"입니다.

철학자들의 개념 정의에는 새로운 철학이 담겨 있습니다. 칸트의 정의에 따르면, 자기 판단은 없이 남을 따라 관습대로 살아가는 숱한 어른들은 미성숙합니다. 그런 사람들 스스로 계몽에 나서야 한다는 것이 칸트의 철학입니다.

칸트는 틈날 때마다 사람들에게 "과감히 따져 보라"거나 "지혜롭고자 하라" 또는 "당신 스스로의 이성을 사용할 용기를 가져라"며 결단과 용기를 '계몽의 표어'로 강조했습니다.

10대를 비롯한 동시대인들에게 결단과 용기를 북돋은 철학자 칸트는 키가 160센티미터도 안 될 만큼 작았습니다. 몸도 허약해 가슴이 기형적이었지요. 하지만 칸트는 규칙적인 생활로 건강을 유지하며 독창적인 철학의 길을 열어 갔습니다.

칸트는 1724년 프로이센의 쾨니히스베르크 – 현재의 러시아 칼리닌그라드 지역 – 에서 태어났지요. 아버지는 말을 타거나 부리는 도구를 판매하는 마구 상인이었습니다.

기독교 학교에 입학한 칸트는 경직된 수업 방식에 거부감을 느끼며 종교적으로도 멀어집니다. 18살에 쾨니히스베르크 대학에 입학했지요. 아버지가 돌아가시면서 스스로 생활비를 벌어야 했습니다.

칸트

시골에 자리한 귀족 집안의 가정교사로 들어갔어요.

젊은 칸트는 10년 가까이 가정교사로 생계를 꾸려 갔습니다. 그래서 철학 박사 학위도 당시의 기준으로 보면 아주 늦은 나이인 31세에 받았지요.

학자의 길에 들어선 뒤에도 생활이 쉽지 않았습니다. 월급 대신 학생들에게 수업료를 받는 사강사 생활을 15년 동안 했습니다.

칸트가 쾨니히스베르크 대학의 전임 교수가 된 것은 1770년 그가 46세 되던 해였습니다. '성실함과 탁월한 학문적 업적을 인정'받았디지요.

종종 굶기도 했던 칸트의 생활은 비로소 안정되었습니다. 그래도 검소하게 살았고 날마다 밤 10시에 잠자리에 들어 아침 5시에 일어나 강의와 연구, 산책을 했습니다. 하루도 빠짐없이 정확한 일과에 맞춰 살아가는 칸트를 보고 이웃사람들은 시곗바늘을 맞출 정도였다고 합니다.

평생 독신으로 살며 자신이 태어난 도시 밖으로 나간 적도 없습니다. 제자들에게는 결혼을 적극 권유할 정도로 여성에게 호감은 있었답니다. 마음에 둔 여성이 있었지만 망설이다가 놓쳤다는 이야기도 전해지는데요. 어쨌든 독신 생활에 만족하며 조용히 지냈다고 하지요.

영구 평화와 세계 시민주의

과학이 괄목할 발견을 성취해 가는 상황에서 계몽 철학자들은 인간의 정신이 자연법칙의 지배를 받지 않고 자율성을 지닌다고 보았습니다. 칸트는 인간의 이성에 질문을 던집니다.

첫째, 인간은 무엇을 알 수 있는가?

둘째, 인간은 무엇을 해야 하는가?"

셋째, 인간은 무엇을 희망할 수 있는가?

칸트가 제기한 세 가지 물음은 그 뒤 철학자들이 풀어야 할 주요 문제로 정착했습니다. 세 물음은 궁극적으로 하나로 모아지는데요. '인간이란 무엇인가?'입니다.

칸트는 자신이 던진 세 물음에 답하는 책을 공들여 썼습니다. 첫 질문에 답한 책이 『순수 이성 비판』이지요. 두 번째 질문에 『실천 이성 비판』, 마지막 질문에 『판단력 비판』을 내놓았습니다. 철학의 역사를 칸트 이전과 이후로 나눌 정도로 칸트의 3대 비판서는 파장이 컸습니다.

일상에서 우리는 대상을 봄으로써 그것을 인식합니다. 하지만 『순수 이성 비판』은 대상이 인식을 구성하는 것이 아니라, 우리의 인식이 대상을 구성한다고 주장합니다. 칸트는 자신의 통찰을 '코페르니쿠스적 전환'이라고 자부했지요. 그만큼 혁명적 사유라는 거죠.

경험을 통해 대상이 우리의 지식 저장고에 쌓이는 것이 아니라 인간이 자신에게 주어진 인식 능력으로 대상을 구성한다는 점에서 이를 '인식의 구성주의constructionism' 또는 '선험 철학'이라 부릅니다.

여기서 '선험'이란 '대상을 인식하는 방법에 관한 인식'을 뜻합니다. 인간의 인식 구조를 드러내고 그것의 한계를 확정하는 철학이 칸트의 선험先驗철학입니다. 인간의 인식 능력이 대상을 구성한다는 말은 그렇게 구성되는 대상만을 우리가 인식한다는 뜻이지요.

그렇다면 당연히 의문이 생기지요. 우리는 대상을 있는 그대로 인식하지 못하는 걸까요?

칸트는 그렇다고 답합니다. 우리가 보는 것은 대상 자체, 사물 자체가 아니라는 겁니다. 있는 그대로의 대상을 칸트는 '물자체thing-in-itself'라고 불렀습니다. 물자체는 우리의 인식 능력과 상관없이 존재합니다. 하지만 인간은 물자체를 보지 못하고 현상appearance만 인식할 뿐입니다.

물자체가 아닌 '현상으로 주어지는 대상'을 인식하는 이성을 탐구한 결과가 '순수 이성 비판'입니다. 칸트에게 이성이란 '인간의 지적 능력'을 통칭하는 개념인데요. 이성의 한계를 긋고 명료하게 하는 작업이 '이성 비판'입니다. 경험하지 않고서는 알 수 없는 것까지도 순수한 이성으로 알 수 있다고 주장하는 철학자들을 겨냥한 비판이지요.

프랑스에서 시민 혁명이 일어나기 1년 전인 1788년에 출간한 『실천 이성 비판』은 '무엇을 해야 하는가'를 다룹니다. 칸트 이전의 철학자들은 대체로 도덕의 원천을 자연이나 공동체의 질서, 행복, 신의 의지에서 찾았습니다.

하지만 칸트는 인식의 영역처럼 실천의 영역에서도 주체로서 인간을 강조합니다. 도덕의 원천은 자율에 있다는 거죠. 칸트의 자율은 자유와 이어져 『실천 이성 비판』이 근대 철학의 기초를 닦았다는 평가를 받게 됩니다.

칸트는 우리가 자유로운 존재라는 명제를 토대로 '정언 명령'을 정립했습니다. 정언 명령은 행위의 결과와 관계없이 그 자체가 선이기에 무조건 따를 것을 요구하는 도덕적 명령입니다. 칸트는 자신이 정립한 정언 명령을 힘 있게 제시합니다.

"인간을 언제나 목적으로 대우하고 수단으로 대우하지 말라."

우리는 물자체를 알 수 없고 오직 현상을 알 뿐임을 제시한 『순수 이성 비판』, 자신의 이성이 내리는 명령에 따르는 행위만이 진정으로 자율적인 행위라는 『실천 이성 비판』에 이어 『판단력 비판』이 1790년에 출간됩니다. 이 책에서 칸트는 자율적인 인격적 존재로서 인간은 '아름답고 조화로운 합목적적인 질서를 가진 세계'를 희망할 수 있다고 역설합니다.

노년의 칸트는 영구 평화와 세계 시민주의를 제안합니다. 그의 이상은 '평화 연방'입니다. 칸트는 개개인의 인간적 존엄성에서 출발해 국가들 사이의 평화적 공존을 논의한 선구자였습니다.

칸트의 인생이 모두 순탄했던 것은 아닙니다. 그의 철학에 무신론적 경향이 있다는 이유로 프로이센 왕으로부터 경고까지 받았으니까요. 그럼에도 1804년 칸트가 여든 살의 나이로 숨졌을 때 성대한 장례식을 치렀습니다. 시내의 모든 교회가 노철학자의 죽음을 애도했지요.

헤겔의 변증법

쾨니히스베르크에서 칸트를 애도하는 조종이 울릴 때, 멀리 예나 대학에서 사강사로 강의하고 있던 서른네 살의 철학자가 있었습니다. 자연 대상이나 역사적 사실이 아니라 인간의 내면에서 지식의 근본 원리를 끌어내는 칸트의 탐색에 감탄하며 그의 철학에 몰입했

헤겔

지요.

하지만 의문이 들기 시작했습니다. 칸트가 물자체와 현상을 너무 엄격하게 구분한 건 아닐까? 그렇게 함으로써 '절대적 진리'를 파악하려는 철학적 고투를 너무 일찍 포기한 건 아닐까?

스스로 던진 그 물음에 답을 찾아 나선 철학자가 헤겔Georg Wilhelm Friedrich Hegel, 1770~1831입니다. 헤겔은 인간이 사물의 본질과 일치하는 진정한 객관적 지식을 파악할 수 있다는 믿음으로 자신의 철학을 펼쳤습니다.

헤겔은 개신교를 믿는 부모 아래서 태어났는데요. 13세에 어머니를 여의었습니다. 10대 시절의 청소년 헤겔은 문학에 관심이 많았다지요.

1788년 튀빙겐 신학 대학에 입학한 헤겔에게 학우들은 '애늙은 이'라는 별명을 붙여 주었습니다. 언제나 침착하게 말없이 자기 할 일을 해갔거든요. 신학도로서 헤겔은 논문 「민족 종교와 기독교」에서 참다운 민족 종교는 소수의 지배욕에 이용되어서는 안 된다며 널리 민중의 정신 속으로 들어가야 한다고 주장했습니다. 지배 체제와 결탁한 기독교에 비판적 인식이 드러납니다.

대학생 헤겔은 이웃 나라에서 일어난 프랑스 혁명을 적극 반겼습니다. 신학 학업을 마친 헤겔은 9년에 이르는 긴 가정교사 생활에 들어갑니다.

1801년이 되어서야 예나 대학에서 사강사로 강의를 맡습니다. 철학자로서 헤겔의 첫 대작인 『정신 현상학』은 1807년 출판되었습니다.

헤겔의 『정신 현상학』은 우리의 의식이 여러 경험을 통해 진리를 파악해 가는 과정을 담대하면서도 촘촘히 규명했습니다. 그의 철학에서 '경험'은 독특한 개념입니다. '의식이 자신과의 대립을 극복하고 자기에게로 돌아와서 자신과 온전히 하나가 되는 변증법적 운동'이 경험입니다.

그렇다면 변증법은 무엇일까요? 헤겔이 철학을 공부할 당시에 유럽 철학은 경험론이든 합리론이든 형식 논리학의 틀을 굳건히 유지하고 있었습니다. 하나의 사실에 하나의 판단만 존재한다거나, 어떤 사실이 참인 동시에 거짓일 수 없다거나, 어떤 사실과 그것의 부정 가운데 하나는 반드시 참이라고 단언해 왔지요. 유럽 철학자들은 이를 각각 동일률, 모순율, 배중률이라 불렀습니다.

하지만 헤겔은 의문이 들었습니다. 현실은 그렇지 않다고 생각했 거든요. 긴 연구 끝에 헤겔은 사물 안에 모순이 있다고 보았고, 그 모순으로 자신을 부정하는 단계를 거쳐 그것을 해결함으로써 다음 단계로 발전해 가는 논리적 사고법을 내놓았습니다. 그것이 바로 변증법입니다. 사물뿐만 아니라 사람의 인식 과정도 마찬가지라고 주장했지요.

사물이나 인식은 정립-반정립-종합, 한마디로 정-반-합의 3단 계를 거쳐 전개됩니다. 헤겔의 변증법은 철학사에 한 획을 그었는 데요. '정'정립은 현 상태로 자기 안에 모순이 있음에도 알아채지 못 하는 단계입니다. '반'반정립은 모순이 자각되어 드러나는 단계이지 요. '합'종합은 정과 반이 통일된 단계로, 정과 반이 함께 부정되는 동 시에 함께 살아나기에 이를 '지양止揚'이라 개념화했습니다.

모순의 전개 이론이랄까요. 하나의 명제와 그것을 부정하는 명제 를 매개로 새로운 진리를 정립해 나가는 거죠.

헤겔 철학은 사람들에게 현실을 바라보는 눈을 새롭게 열어 주었 습니다. 헤겔이 제시한 변증법은 많은 것들을 설명했습니다. 역사에 나타나는 모든 국가는 인간 사회의 끝없는 발전, 낮은 단계에서 높 은 단계로 이행하는 과정 중 한 단계에 있다는 사실, 최종적이거나 절대적으로 신성 불가침한 것은 없다는 진실을 드러내 주었습니다.

헤겔은 세계정신이 현재 멈춰 서 있는 것처럼 보이지만 사실상 그 속에서는 깊은 내적 활동이 이뤄지고 있다고 강조했습니다. 세계정신이 그동안 이룩된 성과가 겉으로 드러날 때까지, 낡은 견해의 껍질이 재가 되어 날아갈 때까지, 세계정신이 다시 젊어져 급속도로 전진하기 시작할 때까지 눈에 띄지 않는 깊은 내적 작업이 이루어지고 있다는 거죠.

헤겔은 눈에 보이지 않는 현실 깊은 곳에서 꿈틀대고 있는 모순을 일러 주었습니다. 그의 철학은 인간과 신과 자연을 포함한 존재 전체의 본질을 규명함으로써 궁극의 경지에 이르려는 초인간적인 고투를 드러냅니다.

변증법을 바탕으로 역사 전체와 시대적 현실을 꿰뚫고자 고투한 헤겔의 철학은 철학사는 물론, 세계사의 전개에 큰 영향을 끼쳤습니다.

국가와 자유

헤겔은 외부의 어떤 것에도 의존하지 않고 모든 것의 시원이면서 자신을 통해 보편성을 드러내는 존재로서 절대자를 '정신'geist으로 정의합니다.

절대자로서 정신은 먼저 자기를 부정합니다. '타자화'하는 거죠. 이어 그 타자 속에서 자신을 발견하고 새로운 주체를 이룹니다.

하지만 다시 부정하는 의식의 반복적 운동을 전개합니다. 그렇게 '앎'을 수정하는 과정을 통해 총체적 진리에 이릅니다. 의식이 마침내 스스로의 본질이자 절대자를 포착해 낼 때 '절대적 진리^{절대지}'를 갖추게 됩니다.

절대자에 대한 앎의 발전 과정은 현실 세계를 사유할 때도 나타납니다. 헤겔은 정치와 도덕, 존재와 당위의 구분을 거부합니다. 현실 세계는 정신이 겉으로 나타난 것^{외현}입니다.

헤겔은 우리 개개인이 삶을 영위하는 터전으로서 국가에 대해서도 이성적 근거를 밝히려고 시도했습니다. 의식의 본질은 자유로운 의지인데요. 개개인의 소망이 공동체의 의지로 보편화되고 법제화된 것이 '국가'입니다.

따라서 국가는 단순히 외적 강제 또는 합법성만으로 시민들의 자유로운 의지를 억압해서는 안 됩니다. 보편적 원리로 개개인이 자신의 의지를 지양하게 해야 합니다. 그래서 헤겔은 사람들이 이기심을 버리고 공동체적 연대를 갖도록 도덕적 책무로서 '인륜'을 제시합니다.

국가 사이의 관계도 마찬가지입니다. 개별 국가는 특수한 개체로 실재하고, 개별 국가가 담고 있는 민족정신은 세계정신을 통해 옳고 그름을 판정받습니다. 한 시대가 요구하는 시대정신에 이르지 못하는 국가는 세계사라는 '법정'에서 준엄한 심판을 받게 됩니다. 그것을 헤겔은 '절대정신의 자기실현 과정'이자 '인륜적 삶으로서 자유의 이념이 현실화되는 과정'으로 표현합니다.

국가의 인륜성을 강조한 헤겔은 개인과 사회의 관계도 사유했습니다. 개인이 사회적 관계 속에서 자유를 실현하기 위한 최초의 동력을 '인정'이라는 충동에서 찾았지요. 헤겔은 사회적 갈등이 일어나는 원인을 각자가 인륜적 삶을 인정받으려는 도덕적 충동에서 찾습니다.

사랑으로 결합된 가족적 유대는 '자연적 인정'입니다. 하지만 개개인의 이기적 욕망이 갈등하는 시민 사회에서 '관계적 인정'은 법과 제도를 만들기 위한 '생사를 건 투쟁'이 됩니다. 자신의 의지를 사회에서 인정받으려는 개개인의 충동이 인륜적 삶의 발전을 이끄는 힘입니다.

인정 투쟁의 궁극적인 목적은 다른 사람과 동등하게 자유로운 인격체로 인정받는 것입니다. 그런데 주인과 노예의 관계에서 인정은 일방적이고 불평등합니다. 노예는 자유를 누리지 못하기에 주인으로부터 인정받지 못합니다. 한편 주인은 노예의 노동에 의존함으로써 '자기의 노동을 통해 자기의식을 갖는 과정'을 체험하지 못합니다.

헤겔의 '인정 투쟁'론은 지배와 예속의 상태에선 타자로부터 자신을 자각하는 진정한 의미의 인정이 불가능함을, 법과 제도를 통해

서로가 동등하게 인정받는 인륜적 삶을 창출하기 위해서라도 주인과 노예의 관계를 해소할 필요성을 철학적으로 제시합니다.

헤겔의 인륜적 공동체로서 국가론은 상반된 평가를 불러일으켰습니다. 한쪽에선 '자유'에, 다른 쪽에선 '공동체'에 주목해서인데요.

하지만 '국가는 자유라는 이념을 실현하도록 노력해야 한다'는 명제를 새겨 보면 두 평가의 차이는 좁혀집니다. '자유는 인간성의 본질'이라며 개인의 자율성을 강조하더라도 무분별한 갈등으로 공존의 기반마저 훼손할 수는 없겠지요. 동시에 '개인이 국가를 통해서만 진정한 실체로 거듭난다'며 공동체를 중시한다고 해서 자유를 억압하는 국가 권력까지 정당화할 수는 없습니다.

헤겔은 철학사에 큰 영향을 끼친 『정신 현상학』을 출간하고도 9년이 흐른 1816년에 이르러서야 정식으로 교수 자리를 얻습니다.

교수 임용은 마흔여섯 살로 늦었지만 이후 15년에 걸쳐 방대한 철학을 펼쳤고 1831년 콜레라로 예순한 살에 눈감을 때까지 철학자로서 명성을 떨칩니다. 유해는 그의 희망대로 베를린의 피히테 묘 옆에 묻혔습니다.

헤겔은 급진적인 진보나 반동적인 보수에 거리를 두었습니다. 프랑스 혁명이 주창한 정치적 원리엔 공감한 '진보'였지만, 집단행동을 통한 폭력적 변혁에는 불편해한 '보수'였습니다. 애국심을 강조한 '보수'였지만 국가에 대한 '신뢰'와 개인의 자유를 중시한 '진보'였지요.

그럼에도 헤겔의 저작에서 전체주의의 원형을 찾을 수 있는 대목이 적잖습니다. 무엇보다 헤겔은 마키아벨리가 『군주론』에서 제시한 '제왕적 권력'을 긍정적으로 언급합니다.

'국가를 창설하는 수단으로서 개개인들의 자유를 무력화하는 원초적 폭력'이라든가 '세계사에서 절대정신을 실현하는 위대한 인간'에 대한 서술은 헤겔의 정치 철학에 격렬한 논쟁을 불러일으켰습니다.

헤겔의 역사 인식이 '단선적'이고 '목적론적'이라는 비판도 곰곰 새겨볼 만합니다. 그에게 절대정신의 자기실현 과정은 개개인의 자유가 정치 사회적 제도를 통해 구체화되는 과정을 의미합니다.

헤겔은 모든 국가를 시대사적 과제를 완수한 국가와 그렇지 못한 국가로 평가했는데요. 그런 논리는 결국 제국주의의 폭력적 침탈을 정당화하는 명분으로 작동할 수 있지요.

실제로 헤겔 철학의 비판자들은 그의 철학이 유럽인들에게 자기와 다른 문화에 대한 무분별한 우월감과 차별을 불러왔다고 지적합니다. 그 지점에서 헤겔식 역사 인식은 유럽 중심의 근대적 기획과 제국주의의 폐해를 청산하려는 학자들에게 넘어서야 할 장애물입니다.

헤겔이 죽은 뒤 헤겔학파 내부에서 갈등이 불거진 것은 필연이었습니다. 청년 헤겔학파는 헤겔이 제시한 변증법적 사유를 적극 받아들이면서도 그가 국가를 절대시했다며 비판하고 나섰습니다.

포이어바흐가
"인간이 신을 창조했다"고 말한 이유

헤겔이 죽은 후 독일 철학은 청년 헤겔학파와 노년 헤겔학파로 갈라집니다. 헤겔은 "모든 현실적인 것은 이성적이고 모든 이성적인 것은 현실적"이라고 했는데요.

헤겔이 '현실적인 것은 이성적'임을 강조한 반면에 청년 해겔학파는 '모든 이성적인 것은 현실적'이라는 말에 더 기울었습니다. 현실 속에서 이성적인 것을 찾아 그것을 전면적인 현실로 구현해야 옳다고 본 것이지요.

청년 헤겔학파의 철학자들로 슈트라우스, 쾨펜, 슈티르너, 루게, 헤스와 포이어바흐가 꼽힙니다. 청년 헤겔학파는 그들이 살던 시대의 억압적인 국가와 기독교를 날카롭게 고발했습니다.

유럽의 19세기 초반은 기독교와 국가가 아직 엄격하게 분리되지 않았던 시대였습니다. 청년 헤겔학파의 철학자들은 대부분 종교 비판에서 출발해 프로이센이라는 억압적인 왕정 국가를 비판했지요.

대표적인 철학자가 포이어바흐Feuerbach, 1804~1872입니다. 1841년에 나온 그의 대표작 『기독교의 본질』은 철학계 안팎에 큰 충격을 주었습니다.

포이어바흐는 신이 인간을 창조한 것이 아니라 "인간이 자신의 형상을 따라서 신을 창조했다"고 선언했는데요. 인간이 신을 창조하는 과정을 심리적, 역사적으로 밝혔지요. 삶의 현실에 만족하지 못하는 인간이 상상력, 소원, 이기심을 동원하여 신이라는 이상적인 존재를 만들어 놓고 거기서 위로를 받으려 했다는 주장입니다.

결국 신이란 인간의 소망이 대상화된 존재이며 그 환상으로 행복감에 젖으려는 욕망의 산물에 지나지 않습니다. 그의 종교 비판은 자신의 철학을 정립하는 하나의 과정이었는데요.

포이어바흐

포이어바흐는 헤겔의 철학을 철저히 비판하고 그것을 기반으로 스스로의 '미래 철학'을 제시하고자 했습니다. 정신에서 자연이 나온 것이 아니라 자연에서 정신이 나왔다고 본 그에게 헤겔의 절대정신은 단지 '합리화된 신'에 지나지 않았습니다. 그래서 헤겔의 절대정신을 받아들일 수 없었지요. 절대정신 대신에 '감성적인 인간'을 중시했습니다.

쇼펜하우어와 키르케고르의
헤겔 비판

헤겔의 철학이 유럽에서 전성기를 누릴 때 정면으로 비판한 두 사람의
철학자가 있습니다.

1820년 베를린 대학의 전임 강사가 된 쇼펜하우어Schopenhauer, 1788~1860는
명성이 자자한 헤겔과 같은 시간에 자신의 강의를 열었습니다. 자신감 넘
친 정면 도전이었지만 수강생들은 대다수가 헤겔 강의실로 갔습니다.

쇼펜하우어는 헤겔 철학을 "잔뜩 늘어놓은 뻔뻔스럽고도 어리석은 소
리들"이라고 혹평했습니다. 그에게 헤겔은 "상업적인 추종자들이 불멸의
진리인 듯 나팔을 불어대 바보들이 그것을 진실인 줄로 알고 환호"하게
만든 "천박하고 우둔하고 역겨운 사기꾼"이었습니다.

그의 대표작은 『의지와 표상으로서의 세계』인데요. 칸트의 현상과 물
자체 구분을 받아들이되 그것을 표상과 의지로 설명합니다.

쇼펜하우어는 물자체를 맹목적인 생존 의지라고 보았습니다. 모든 생
명체는 자기를 보존하려는 본능과 재생산하려는 본능을 지니고 있다는
건데요. 그래서 생물은 맹목적으로 먹이와 성에 몰입합니다. 그 맹목적 의
지가 인간의 자기의식을 비롯한 모든 현상의 밑절미를 이룹니다.

따라서 그에게 인생은 고통 아니면 권태일 따름입니다. 권태는 고통이
사라질 때 엄습하지요. 그가 염세주의 철학의 대명사로 불리는 까닭입니
다. 하지만 해법도 제시합니다. 예술적 관조로 세계를 바라보거나 맹목적

쇼펜하우어   키르케고르

의지를 억제하고 없애는 길이 그것입니다.

덴마크의 키르케고르Kierkegaard 1813~1855는 헤겔이 삶의 비극을 전혀 모른다고 비판합니다. 변증법 이론은 대립의 해소를 말하지만 그것은 머릿속 관념의 세계에서나 가능할 뿐이라는 거죠. 인간은 현실의 삶에서 언제나 양자택일의 냉혹한 결단을 요구받고 있습니다. '이것도 저것도'가 아니라 '이것이냐 저것이냐'의 선택에 내몰린다는 겁니다.

진리를 보는 눈도 다릅니다. 키르케고르에겐 누구나 해당되는 객관적 진리가 아니라 나 자신에게 절실한 주체적 진리가 중요합니다. 내 인생의 주체는 자신이고 그 누구도 내 삶을 대신할 수 없기 때문이지요.

삶의 현장에서 스스로 결단을 내리는 주체, '무엇을 알아야 할 것인가'가 아니라 '내가 무엇을 할 것인가'가 중요합니다. 아무리 방대하고 체계적인 철학을 주장하더라도 내가 그 속에 살고 있지 않다면 그것이 나와 무슨 관계가 있는지 묻습니다.

키르케고르는 대표작 『죽음에 이르는 병』의 표제처럼 인간의 운명을 직시합니다. 그렇다고 절망하지 않지요. '죽음에 이르는 병'은 그에게 초월로 가는 길입니다. 절대자 앞에 홀로 선 단독자, 키르케고르의 해답입니다.

II
아시아 철학

PHILOSOPHY

무아와 무위의
지혜와 실천

5

Asia

Philosophy

붓다의 깨달음

소크라테스가 유럽 철학의 길을 열기에 앞서 그보다 100여 년 전에 인도에서 철학의 문을 연 철학자가 있습니다. 붓다^{Buddha, BC 624~BC 544}입니다.

출생이 150여 년 앞섰다고 하더라도 당시 유럽과 인도 사이에 소통이 활발하지는 않았기에 붓다가 소크라테스의 철학에 영향을 끼쳤다고 볼 수는 없습니다. 다만 '철학' 하면 곧 '서양 철학'으로 등식

화하는 선입견은 말끔히 버릴 필요가 있겠지요.

붓다는 철학자라기보다는 종교 창시자로 알려져 왔습니다. 그런데 유일신 종교들과 달라 불교는 철학적 사유를 듬뿍 담고 있습니다. 붓다 자신이 예수와 달리 깨달음 이후 45년에 걸친 교육설법을 통해 자신의 사상을 철학적 개념으로 제시했습니다. 실제로 세계의 대다수 대학 철학과에는 '불교 철학'이 자리 잡고 있습니다. 하기는 유럽의 중세 철학도 예수의 기독교에 터 잡고 있지요.

붓다의 철학은 인도를 넘어 동아시아의 한국인, 중국인, 일본인들에게 큰 영향을 끼쳐 왔습니다. 현대 유럽의 사상적 배경에 기독교가 자리하듯이, 21세기 지구촌에서 가장 역동적인 지역인 동아시아를 관통하는 문화적 기반을 찾는다면 단연 붓다의 철학입니다.

역사학자 토인비가 일찍이 20세기 최고의 문명사적 사건을 '기독교와 불교의 만남'으로 꼽은 까닭과 21세기인 지금 미국과 유럽에서 불교에 대한 관심이 높아가고 있는 이유도 성찰해 볼 필요가 있겠지요.

붓다는 기원전 624년 히말라야 기슭에 석가Sakya족이 세운 작은 왕국카필라국의 왕자로 태어났습니다. 지금의 네팔 남쪽, 인도와 접경 지역입니다.

본명은 고타마 싯다르타인데요. 성 고타마는 '최상의 소', 이름 싯다르타는 '모든 일이 뜻대로 이뤄진다'는 뜻입니다. 왕비 마야는 태몽으로 하얀 코끼리 꿈을 꾸었다지요. 당대의 풍습에 따라 왕비가

붓다

아이를 낳으려고 친정으로 가던 길에 룸비니에서 싯다르타를 출산
했습니다.

룸비니는 오늘날 불교의 성지입니다. 마야는 싯다르타를 낳고 일
주일 만에 숨졌지요. 싯다르타는 커가면서 어머니에 대한 그리움으
로 사색에 잠겨 갔습니다. 죽음을 어떻게 이해해야 할지 도무지 가
닥이 잡히지 않았지요.

죽음의 운명을 고심하는 아들의 모습에 아버지인 왕은 불안했습
니다. 당시 카필라국은 강한 나라들에 둘러싸여 있어서 활달하고
걸출한 지도자가 필요했기 때문입니다.

쌀 농업 국가인 카필라에서는 해마다 봄이 오면 왕이 첫 삽을 들며 농사를 시작했습니다. 싯다르타가 열두 살 되던 봄, 왕을 따라 현장에 온 왕자는 힘들게 일하는 농부들을 보며 마음이 어두워졌지요. 쟁기로 파헤쳐진 흙 속에서 꿈틀거리는 벌레를 발견하는 순간에 새가 날아와 벌레를 쪼아 물고 날아갔습니다. 약육강식의 세상에서 고통받는 생명에 왕자 싯다르타는 충격을 받습니다. 얼마 뒤에 왕궁 밖을 나갔을 때 깡마른 노인이 지팡이에 의지해 걸어가는 모습을 보고 늙음의 고통을 느꼈지요.

다음 산책에서는 병든 사람, 이어서 시신을 발견했습니다. 왕은 날로 침울해 가는 아들의 마음을 다잡으려고 서둘러 세자로 책봉하고 아름다운 여성을 골라 혼례를 치르게 했습니다. 세자빈은 물론 숱한 궁녀들이 춤과 노래로 위로했지만 싯다르타는 쾌락 뒤의 공허를 잘 알고 있었습니다.

훗날 붓다는 "이루 말할 수 없이 호사스런 나날을 보냈다"며 "궁전을 세 채나 가지고 있었고 아름다운 여자들에게 둘러싸여 살았다"고 회고했습니다. 그러나 호사와 쾌락으로 생로병사의 문제의식을 해소할 수 없었습니다. 젊고 아름다운 사람을 볼 때마다 그가 늙고 병들어 죽어 가는 모습이 생생하게 눈에 들어왔지요.

세자빈이 아들을 낳았을 때, 세자는 "오, 라훌라!"라고 탄식했습니다. 아들의 이름이 된 '라훌라'는 '장애'라는 뜻이었습니다.

아내와 아들이 '발목'을 잡았지만, 결국 스물아홉 살에 출가를 결행합니다. 세자로서 지닌 권력과 부, 명예뿐 아니라 가족까지 훌훌 버리고 오직 삶과 죽음의 고통에서 벗어나는 길을 찾겠다는 결기였지요.

싯다르타는 당시 수도자들의 관습에 따라 눈 덮인 산에서 고행을 시작했습니다. 욕망의 근원인 육체로부터 자유롭고 영원한 자아를 얻기 위해서였는데요. 흔히 '설산수도雪山修道'로 부르는 6년에 걸친 고행으로 싯다르타는 눈이 해골처럼 들어가고 얼굴과 온몸에 뼈와 살가죽만 남게 되었습니다. 욕망과 번뇌를 없애 영원한 평화에 이르려고 정진했지만, 자신이 바라는 경지에 이르지 못했습니다.

그러던 어느 순간, 고행이 육체에 집착하는 수행임을 깨달았지요. 몸을 괴롭히기보다 맑게 함으로써 마음도 고요할 수 있으리라 판단한 싯다르타는 고행을 중단했습니다. 이어 강으로 걸어가 맑은 물에 몸을 씻고, 강가에서 소젖을 짜던 소녀에게 다가가 젖을 한 그릇 얻어 마셨지요. 함께 수행하던 동료들은 싯다르타가 타락했다며 손가락질하고 떠납니다.

인연이 없으면 존재도 없다

싯다르타는 아랑곳하지 않았는데요. 숲속에 들어가 홀로 큰 나무 아래 앉아 평온하고 가벼운 마음으로 깊은 명상에 잠겼지요.

이레째 되는 날, 새벽별을 보며 확연히 깨달았습니다. 서른다섯 살의 싯다르타가 붓다가 된 순간입니다. 산스크리트어 붓다^{Buddha}는 '깨달은 사람'을 뜻하며 이 말이 중국으로 전해지면서 '불타'가 되고, 우리말로 '부처'가 되었습니다.

붓다는 자신을 타락했다고 손가락질하며 떠난 다섯 명의 고행 동료를 가장 먼저 찾아갔습니다. 그가 파악한 진리를 일러 주었지요. 불교인은 물론 관광객이 많이 찾는 인도 바라나시 외곽의 녹야원이었는데요. 첫 가르침을 편 설법지로서 불교 교단이 출범한 곳이지요.

붓다는 "몸이 내키는 대로 자신을 내맡기는 쾌락의 길과, 몸을 지나치게 학대하는 고행의 길" 모두 "극단의 길"이라며 "구도자는 중도를 배워야 옳다"고 강조했습니다. 이어 자신이 깨달은 내용을 전했지요.

첫 설법에서 붓다는 네 가지 거룩한 진리^{사성제}를 강의했습니다. 생로병사가 고통임을 알고 그것이 일어나는 이유를 파악해 소멸케 하는 길을 찾음으로써 해탈에 이르는 고집멸도^{苦集滅道}가 그것입니다.

유의할 대목은 고, 괴로움입니다. 붓다가 말한 원어로서 '고'의 의미는 신체적 아픔^{pain}이나 심리적 고통^{suffering}을 넘어 '뜻대로 되지 않는다'에 가깝습니다. 실제로 생로병사 모두 뜻대로 되지 않지요.

붓다는 뜻대로 안 되어 번뇌하는 '나'를 분석했습니다. 그 깨달음의 고갱이가 바로 무아^{無我}입니다.

붓다에게 '나'는 '색·수·상·행·식'의 오온五蘊입니다. 색body, matter은 우리가 지닌 몸으로 외부와 접촉합니다. 수sensation, emotion는 감정이나 감각입니다. 상representation, perception은 감정이나 감각으로 받아들인 것을 지각해서 관념으로 표상합니다. 행action은 의지 작용입니다. 식mind은 수·상·행으로 개개인 내면에 쌓인 기억입니다.

'나'는 삶의 모든 순간마다 새로운 오온으로 이루어집니다. 따라서 무아는 고정불변의 실체로서 내가 없다는 뜻이지 허무가 아닙니다. '나'를 포함해 세상의 모든 것이 존재론적으로 고정불변의 실체가 없다는 깨침이 '제법무아'이지요.

붓다 이전의 인도 선통 사상은 고정불변의 우주적 실체와 하나 되는 길을 추구하며 신분 제도를 정당화했습니다. '제법무아'는 그런 실체가 없다는 혁명적 선언입니다.

무아와 연기緣起는 그래서 하나가 됩니다. 연기의 본디 뜻은 '말미암아 일어나는 것'입니다. 연기는 세상에 모든 것이 독자적인 존재가 아니라 더불어 있으며 서로 영향을 주고받는 관계에 있고 그럴 만한 조건이 있어 생긴 것으로 파악합니다.

따라서 그 조건, 곧 인연이 없어지면 존재도 사라집니다. 요컨대 존재하는 모든 것이 더불어 있고 서로 분리할 수 없는 깊은 관계 속에 있다는 뜻입니다. 존재의 실상이 실체가 아닌 관계라는 사실에 눈뜨는 것이 깨달음입니다.

모든 것이 더불어 있음을 모를 때, 우리는 나와 남을 분리하며

'나'에 집착합니다. 하지만 나와 남이 분리될 수 없는 하나로 더불어 있다는 진실에 눈뜰 때, 우리의 삶은 자비의 실천으로 나아갈 수 있지요. 모든 것이 변화하고 고정불변의 실체가 없다는 제행무상과 제법무아의 깨침이 바로 연기의 지혜입니다.

나와 남이 둘이 아니라는 깨달음은 2500여 년이 흘렀지만 여전히 새롭고 혁명적입니다. 물론 사람들은 무아를 선뜻 받아들이지 못합니다. 그만큼 누구나 인간은 자아에 집착이 강합니다.

최근 유행하듯이 '참나'를 찾는다며 자아에 어떤 실체적 본질이 있는 듯이 여긴다면, 그것은 붓다의 가르침과 정면으로 어긋납니다.

더러 오해하듯이 무아는 허무나 염세가 아닙니다. 자신을 포함해 모든 것에 고정불변의 실체가 없기 때문에, 깨달은 사람은 언제 어디서든 오히려 주체가 될 수 있지요. 처하는 곳마다 주인이 되어라, 라는 '수처작주隨處作主'가 곧 그 말입니다. 거꾸로 '나'를 고정불변의 실체로 여길 때 '탐·진·치'에 매몰됩니다.

'탐'은 탐욕으로 대상을 자기 쪽으로 끌어당기는 심리적 상태입니다. 오욕으로 나타나는 물욕, 식욕, 성욕, 명예욕, 수면욕이 그것입니다. 진, 곧 성냄은 대상을 밀쳐 내는 심리이지요. 경쟁심이 빚어내는 적개심, 분노, 혐오, 반감이 두루 포함됩니다. 어리석음을 뜻하는 치는 존재의 실상인 제법무아를 깨닫지 못한 상태입니다.

탐·진·치에 매몰되지 않는 길이 '고집멸도'입니다. 그 길을 붓다는 팔정도로 제시했습니다. 정견正見, 정사正思, 정어正語, 정업正業, 정명

正命, 정정진正精進, 정념正念, 정정正定입니다.

있는 그대로 연기의 세상을 바라보는 정견을 토대로 바른 사유가 생기고 그에 따라 바른 말, 바른 행동, 바른 생활, 바른 정진이 가능합니다. 일상에서 정견을 실천해 갈 때 마음이 늘 바른 상태인 정념이 이뤄집니다. 그 열매가 바른 선정, 정정이지요.

탐욕의 세상을 넘어서는 통찰

탐·진·치의 굴레에서 벗어나라는 무아의 가르침은 20세기 들어오면서 미국과 유럽인들에게 정서적 불안과 정신 장애를 해결하는 '심리 치료'로 다가왔습니다. 심신이 지친 사람들을 위한 '템플스테이' 프로그램도 만들어졌지요.

지구촌 사람들의 황량한 마음을 보듬고 다듬어 주는 불교적 치유는 좋은 일임이 틀림없습니다. 붓다의 가르침이 괴로움을 넘어서는 데 있으므로 심리 치료를 통해 마음의 평화를 얻는다면 뜻깊은 일입니다.

하지만 불교가 21세기에 할 일은 심리 치료에 국한되지 않지요. 불교의 고갱이인 제법무아는 현대인이 직면한 사회 경제적 위기를 넘어서는 과정에서도 적실한 가르침을 담고 있습니다.

한국에서는 대부분 절이 산중에 있지만, 불교는 본디 '산중 종교'

가 아니라 '시장의 종교'입니다. 수행의 최종 단계가 입전수수入廛垂手인데요. 입전수수는 문자 그대로 궁극적 깨달음을 얻었으면 시장에 들어가 활동하라는 가르침입니다. 이는 21세기의 우리에게도 큰 울림으로 다가오지요. 시장 경제 체제에서 어떻게 살아갈 것인가에 깊은 성찰을 주기 때문입니다.

붓다는 녹야원으로 첫 설법을 가기 전에 '탐·진·치에 물든 사람들'이 자신의 가르침을 받아들일 수 있을까 자문해 보았습니다. "세상 사람들은 자기가 가진 견해에만 매달리고 자기가 바라는 것만 좋아하고 자기가 배우고 익힌 것만 고집"하기 때문입니다. 짙은 회의가 들어 포기할까도 싶었지만 긴 숙고 끝에 붓다는 이윽고 '시장'으로 나서며 선언했습니다.

"낡은 믿음을 버려라."

제자들을 가르친 뒤에는 그들에게 배운 것을 다른 이들에게 적극 알리라고 권했습니다.

"자, 떠나라. 많은 사람들의 이익과 행복을 위하여. 세상을 가엾이 여기고 인천人天의 이익과 행복과 안락을 위하여, 두 사람이 한 길을 가지 말라."

제자들을 떠나보내기 전에 붓다는 "남에게 존경받겠다는 생각을 해서는 안 된다"며 교만하지 말고 늘 겸손하라고 충고했습니다. 붓다 스스로 교만을 멀리했습니다. 제자들에게 자신은 결코 신앙이나 예배의 대상이 아니라고 강조했습니다.

녹야원에서 첫 '사자후' 이후 여든 살까지 옹근 45년을 붓다는 하루도 쉼 없이 민중을 만났습니다. "많은 사람의 이익과 행복을 위하여" 붓다가 길에서 평생 펴 나간 가르침은 탐욕을 부추기는 부익부 빈익빈의 세속을 뿌리부터 흔듭니다. 개인 치유 차원을 넘어선 사회적 담론으로 붓다의 가르침을 짚어야 할 까닭입니다. 이미 붓다의 사회 경제사상에 대한 연구도 곰비임비 나오고 있습니다.

깨달음 앞에 모두 평등하다고 가르친 붓다는 모든 사회 구성원이 있는 그대로의 진실에 눈뜨기를 소망했습니다. 제법무아와 제행무상에 이르는 수행의 주체 또한 자못 자주적입니다.

"자기 자신을 등불로 삼고, 자기 자신에 기대라. 진리에 기대고, 진리를 스승으로 삼아라自燈明 法燈明. 그 밖에 다른 것에 기대지 말라."

개인 우상화와 독재에 함몰되어 민중 개개인이 주체로 거듭나지 못했던 20세기의 숱한 혁명들을 되새기고, 모든 사람이 주체가 되어 탐욕의 세상을 넘어서는 길에 붓다의 통찰은 웅숭깊은 죽비가 될 수 있습니다.

노자의 무위자연과 도(道)

동아시아에 불교가 전해 올 때 중국인들은 노자의 철학을 생각했습니다.

노자는 언제 태어나고 죽었는지 기록이 없습니다. BC 6세기경에 활동했는데요. '서쪽으로 간 노자가 붓다'라는 주장을 담은 중국의 옛 문헌은 중국 철학사에 붓다의 영향이 얼마나 깊고 컸던가를 거꾸로 웅변해 줍니다.

노자의 본디 이름은 이이李耳입니다. 제자백가 가운데 도가의 창시자이지요. 기원전 6세기에 주나라의 사관으로 왕실 도서관에서 책을 관리하던 노자는 자연스럽게 그때까지 전해 온 책들을 읽으며 자신의 사상을 형성해 갔습니다.

노자는 주나라가 쇠퇴해 가고 춘추 시대가 벌어지는 난국을 떠나 '서쪽'으로 사라졌는데요. 은둔하기 전에 남긴 말을 엮은 것이 『도덕경』입니다.

노자는 점점 신화의 인물이 되어 갔고, 후한 시대에 오면 황제까지 그를 숭배합니다. 그를 신앙의 대상으로 삼는 흐름이 도교이지요. 도교는 그 뒤 여러 갈래로 중국의 민중 속에 퍼져 갔습니다. 노자를 숭배한 당나라 시대에 도교는 고구려에도 퍼졌는데 특히 연개소문이 심취해 진흥책을 적극 펴 나갔습니다.

도교를 국교로 삼은 당나라는 침략 전쟁을 일삼았지만, 정작 그들이 '황실의 조상'으로 공표하며 숭상했던 노자는 중화주의 질서나 영토를 넓히는 따위의 대국주의와 무관합니다. 오히려 노자 사상은 중국의 긴 역사에서 중화주의에 사로잡힌 지배자들을 비판하는 논리적 근거로 작동했습니다.

노자

노자 사상의 고갱이는 '도가도비상도'와 '무위자연'으로 간추릴 수 있습니다. 그의 사상이 집약된 『도덕경』은 81장에 5000여 자로 구성되었는데요. 상편 37장을 도경道經, 하편 44장을 덕경德經으로 부릅니다. 여러 차례에 걸쳐 편집되어 변형 과정을 거쳤으나 고갱이는 변함없지요.

먼저 도가도비상도道可道非常道입니다. 『도덕경』의 유명한 첫 구절로 '도'를 압축해서 정의한 이 말은 학자들에 따라 풀이가 조금씩 다릅니다.

흔히 "도를 도라고 말할 수 있다면 이미 도가 아니다"라고 풀이해

왔지만 최근에는 "도를 도라고 말하면 그것은 늘 그러한 도가 아니다"로 보거나 "도를 도라고 말하면 영원한 도가 아니다." 또는 "도는 법도 삼아 따를 수는 있어도 영원한 도인 것은 아니다"처럼 여러 해석이 나오고 있지요.

해석 차이를 감안하더라도, 도는 말이나 글 따위로 개념화할 수 있는 고정불변의 실체가 아니라는 의미이지요.

"도를 도라고 말할 수 있지만, 그 도는 있는 그대로의 도가 아니다. 이름을 붙일 수 있지만 그 이름은 있는 그대로의 이름이 아니다. 천지의 처음은 이름이 없었는데, 이름으로 만물이 나타났다. 그러므로 언제나 욕망 없이 그 묘함을 보고, 욕망으로 드러난 현상을 보아야 한다. 둘은 같은 곳에서 나와 이름만 달리할 뿐이다. 이를 일러 검고 깊어 신비롭다고 한다. 신비롭고 또 신비롭다. 모든 묘함이 거기서 나온다."

『도덕경』 1장 첫머리입니다. '도가도비상도'는 노자 당대에 그랬듯이 지금도 우리에게 큰 성찰을 줍니다.

자신들이 마치 세상의 이치를 알았다는 듯이 행세하며 지식을 내세워 지배 체제를 정당화하던 사람들에게 노자의 도가도비상도는 불편한 사상이었지요. 진리를 독점하려는 자들의 지배 논리를 날카롭게 고발하는 명제가 '도가도비상도'입니다.

또 다른 고갱이는 '무위자연'입니다. 흔히 무위자연을 현실에서 도피하거나 초월하는 자세로 여기지만 전혀 아닙니다.

노자가 말하는 무위는 아무 일도 하지 않는 무위가 결코 아닙니다. '언제나 무위이지만 하지 않는 일이 없다道常無爲而無不爲'가 무위입니다.

물론 자연도 그저 자연은 아닙니다. "사람은 땅을, 땅은 하늘을, 하늘은 도를, 도는 자연을 본받는다人法地 地法天 天法道 道法自然"는 그 '자연'입니다.

따라서 무위자연은 소극적 자세일 수 없습니다. 누군가 인위적으로 만들어 놓은 사상이나 기준을 절대적 근거로 삼지 않는 비판 의식입니다. 다른 사람이 설정해 놓은 틀프레임에 휘둘리지 않고 자기 눈으로 세상을 바라보고 변화를 파악함으로써 유연하게 대처하는 적극적 태도입니다.

현실을 외면하거나 순응하는 게 아니라 현실이 부자연스럽거나 인위적인 것이 아닌지 살펴보고 더 자연스럽게 만들어 가자는 사상이 무위자연입니다. 누군가 만들어 놓은 '가치'의 세계와 결별하는 것이지요.

'자연'이라고 하는 저절로 있는 그대로의 세계에서 개개인의 삶과 사회 체제의 정당성을 찾으려는 노력, 세계를 고정된 실체를 중심에 두고 보는 게 아니라 '관계'로 바라보는 자세입니다. 그러므로 '무위'는 질서의 부정이나 해체가 아니지요. 더 높은 차원의 질서를 의미합니다. 본연의 상태로 돌아가는 우주적 해방이 무위입니다.

도가도비상도가 그렇듯이 무위자연 또한 전복적이고 혁명적입니다. 노자는 권력과 민중의 관계를 간명하게 정리했지요.

"으뜸가는 통치자는 민중이 그가 있다는 것만 안다. 그 아래 단계 통치자는 그를 친밀히 여기고 찬양한다. 그 아래는 그를 두려워한다. 그 아래는 그를 모욕한다."

노자 또한 민중이 통치자를 두려워하는 단계나 모욕하는 단계와 견주면, 그를 받들고 칭찬하는 단계가 좋다고 봅니다. 이어 한 걸음 더 나아가지요. 노자는 민중이 통치자가 있다는 정도만 의식하는 단계를 제시합니다. 통치자가 있지만 누군가에게 지배당하는 느낌이 도통 없는 단계이지요. 그것은 21세기 지구촌의 그 어떤 국가도 아직 제대로 구현하지 못한 '민중의 자기 통치'라는 민주주의의 이상과 이어집니다.

구체적으로 일상에서 '어떻게 살아야 하는가'에 대해 노자가 내놓은 답은 '만물병작萬物竝作'과 상선약수上善若水입니다.

만물병작은 만물이 서로 해치지 않고 더불어 커가자는 뜻이지요. 모든 개개인이 자아를 실현하자는 호소입니다. 다른 생명체를 대량으로 살상할 뿐만 아니라 사람들 사이에도 살벌한 경쟁 체제에 매몰된 우리에게 만물병작은 울림을 줍니다.

이어 물처럼 살아가라고 권합니다.

"물처럼 살아가라, 그것이 가장 선한 길이다上善若水. 물은 만물을 이롭게 해 주면서도 다투지 않는다. 뭇 사람들이 싫어하는 낮은 곳으로 가라. 그러면 도에 가깝다."

'완전한 자유'를 추구한 장자의 철학

노자의 철학을 이어 동아시아 민중에게 영향을 준 철학자가 장자
莊子, BC 365~270입니다. 춘추 전국 시대 철학자로 본명은 장주莊周이지요.

장자는 노자에서 비롯한 도가 철학을 이어 담대한 사유를 펼쳤는
데요. 선과 악, 아름다움과 추함, 쓸모 있음과 쓸모없음, 귀함과 천
함, 의식과 무의식의 세계 모두 상대적인 개념에 지나지 않는다고
주장했습니다.

인간의 이성은 불완전하고 판단은 상대적이어서 절대적인 평가
가 가능하지 않다는 거죠. 그럼에도 사람들이 상대석 판단에서 얻
어진 불안정한 가치를 평생에 걸쳐 추구하기에 불행해진다고 보았
습니다.

그래서이지요. 이성이나 감정, 욕망을 넘어 아무런 의식적인 행
동을 하지 말고 있는 그대로 지내라는 무위자연의 철학을 주장합니
다. 사람이 타고난 그대로 자기 자신을 의식함이 없이 자연에 모든
것을 맡기며 거리낌 없이 살기를 바란 것이죠. 장자에게 이상적인
인간은 '모든 의식이나 행동의 구속으로부터 완전히 해방된 자유로
운 사람'입니다.

장자 철학의 고갱이가 '제물론'에 담겨 있는데요. 제물齊物은 모든
만물이 가지런하다는, 곧 만물은 하나라는 개념입니다. 자연의 만물
은 모두가 같은 데서 비롯해 우연히 사람도 되고 만물이 되었다는

거죠.

장자는 그래서 사람을 '만물의 영장'이라느니 특출한 것으로 생각해선 안 된다고 강조합니다. 사람이 만물과 일체로 하나가 되는 생활을 이상적인 삶으로 여기는 거죠.

문제는 만물은 고르고 하나임에도 인간이 작은 지혜로 차별하는 데 있습니다. 오감으로 얻는 지식은 인간의 관점에서 본 상대적인 것이므로 만물을 하나로 바라보는 큰 지혜가 필요하다고 보았습니다. 인간의 관점에서 사물을 판단하는 편견에서 벗어나야 자연과 하나 되어 평화로운 삶을 살아갈 수 있다는 거죠.

제물의 관점을 지니면 사물을 차별하지 않는 정신적 자유의 경지에 이릅니다. 만물이 고루 보이며 대립이 해소되기에 인간을 구속하는 갈등도 풀립니다.

그렇다면 어떻게 제물의 경지에 이를 수 있을까요. 장자는 수양법으로 심재心齋와 좌망坐忘을 제시합니다.

심재는 '마음 비움'이지요. 인간이 자기 자신을 얽매는 욕망, 자기중심적인 편협함으로 빚은 생각이나 지식 따위를 잊어버리는 수양입니다.

좌망은 말뜻 그대로 '앉아서 잊어버림'인데요. '자신의 몸을 잊어 눈과 귀의 작용을 멈추며, 형체와 지각을 벗어나서 도와 하나 되는 것'입니다. 모든 것을 잊는 연습을 하다 보면 늘 고요 속에 머물 수 있습니다. 모두 잊음에 잠기는 거죠.

마음 비움으로 돌아가는 심재의 길, 몸까지 놓아 버려 사물화하는 좌망의 길은 무위자연의 경계로 이어집니다. 인간이 몸과 마음을 모두 버리고 자연의 하나로 돌아가게 됩니다.

심재와 좌망으로 온갖 인연에 묶인 나를 넘어서 광활한 우주와 하나가 되는 자유를 이룰 수 있습니다. 마침내 물아일체의 경지에 이른 사람을 진인眞人이라고 하는데요. 말뜻 그대로 옮기면 '참사람'이겠지요.

진인은 삶도 죽음도 좋아합니다. 인생은 삶이 있어 힘쓸 수 있고, 늙음이 있어 편안할 수 있고, 죽음이 있어 쉴 수 있다는 거죠. 생로병사를 바라보는 붓다의 시선과 비교해 볼 만합니다. 장자 철학은 인간을 둘러싸고 있는 모든 행위의 속박으로부터 해방, 완전한 자유를 추구했습니다. 무위로 인간과 자연이 하나가 되는 길이지요.

노자와 장자는 자신의 가르침이 온전히 사람들에게 전해질 수 있을지 우려했습니다. 경계의 글을 남겼는데요. 억설이지만 그만큼 인간에 대한 믿음이 있어서였겠지요.

노자는 세상에 세 종류의 사람이 있다면서 "뛰어난 사람은 도를 들으면 힘써 행하려 하고, 어중간한 사람은 도를 들으면 이런가 저런가 망설이고, 못난 사람은 도를 들으면 몹시 비웃는다"고 간파했습니다.

장자의 경계는 더 직접적입니다. 우물 안의 개구리에게 바다에 대하여 얘기해도 알지 못하는 것은 공간의 구속을 받고 있기 때문이라는 거죠. 장자는 여름벌레에게 얼음에 관한 얘기를 해도 알지 못하는 것은 시간의 제약을 받고 있기 때문이라고, 비뚤어진 선비에게 도에 관하여 얘기해도 알지 못하는 것은 가르침에 속박되어 있기 때문이라고 갈파했습니다.

붓다의 무아와 노자·장자의 무위는 깊고 높은 지혜입니다. 붓다와 노자·장자는 그 지혜를 그냥 제시하지 않았지요. 실천하라고, 수행으로 익히라고 강조했습니다. 그 길을 걸어가는 사람이 붓다의 철학적 전통에서는 '보살'이고, 노자와 장자의 철학적 전통에서는 '진인'입니다.

"너 자신이 붓다"라는 말의 참뜻

중국이 남북조 시대로 혼란을 맞던 시대에 붓다의 철학을 간명하게 재구성한 새로운 흐름이 나타납니다. 선禪입니다.

6세기 무렵에 달마達磨 대사가 남방에서 갈대를 타고 중국 해안에 닿았다고 하죠. 그의 정체는 모호합니다. 정확한 생몰 기록도 없는데요. 520년경 중국에 들어와 소림사에서 9년간 벽만 바라보고 수행했다면벽좌선고 전해집니다. 사람의 마음은 본래 청정함을 깨달아야 한다는 사상을 좌선으로 실천했다는 평가를 받고 있습니다.

달마의 가르침을 이어받은 선의 실질적 창시자는 7세기에 활동한 혜능慧能입니다. 그가 쓴 『육조단경六祖壇經』은 중국뿐만 아니라 한국의 선맥에서 정통의 자리를 오랫동안 곧긴히 지키고 있습니다.

달마

638년 중국 남부의 광동에서 태어난 혜능은 불법을 알고 싶어 당시 명성 자자한 홍인을 찾아갔지요. 홍인은 달마에서 혜가, 승찬, 도신으로 이어지는 법맥을 이어 '5대조'로 불린 고승이었습니다.

"광동이라면 오랑캐 아니냐. 그런데 어찌 부처가 되겠다고 나서는가?"

홍인이 묻자 혜능이 응수했습니다.

"사람이야 남과 북이 갈리겠지만 불성에야 무슨 차이가 있겠습니까."

혜능은 누더기 옷을 걸치고 정진했습니다. 홍인이 어느 날 제자들을 불러 모아 놓고 "삶의 근원적 문제를 깊이 고민하지 않는 것 같다"며 "각자 돌아가서 자신의 본성을 간파하고, 그것을 확인하는 게송 하나씩을 지어 내라. 만약 진정한 깨달음을 얻은 자가 나타나면 6대 조사로 삼아 대대로 전해진 가사를 물려주겠노라"고 했지요.

이미 50대 중반의 나이로 수제자격인 신수는 "몸은 깨달음의 나무/ 마음은 밝은 거울의 받침대/ 늘 부지런히 깨끗하게 닦아/ 때가 끼지 않도록 하세"라고 게송을 지었습니다.

홍인은 실망했습니다. 그런데 사실상 '막내'라 할 수 있는 혜능의 게송이 들려왔습니다.

"깨달음은 본디 나무가 아닐세/ 밝은 거울에 받침대도 없나니/ 본래 아무것도 없거늘/ 어디에 때가 끼랴."

홍인은 혜능을 자신을 이을 조사로 삼지요. 이제 겨우 10대를 벗어났고 불경도 제대로 읽을 줄 모르는 '오랑캐' 출신에게 후계 자리를 넘겨주자 신수를 중심으로 반발이 커집니다. 혜능은 남쪽으로 도피해 15년간 은둔하다가 조계산에서 신도들과 함께 보림사를 지으며 제자들을 길렀습니다. 중국 불교가 신수의 북종과 혜능의 남종으로 갈라진 사연입니다.

북종은 계율과 선정을 통해 자신을 끊임없이 정화시켜 가라고 권합니다. 신수는 당나라 황실의 지지까지 받습니다.

혜능은 "너 자신이 곧 부처"라며 경전의 문자에 끌려다니지 말고 근본 취지를 깨달으라고 가르칩니다. 혜능을 잇는 참선의 길은 사뭇 치열했습니다. 임제는 "부처를 만나면 부처를 죽이고 조사를 만나면 조사를 죽여라殺佛殺祖, 살불살조"라고 했습니다. 스스로 깨달아야 한다는 철학의 표현이지요.

우상을 파괴하는 선의 신선한 수행은 세월이 흐르면서 너무 기행에 의존하였고 생명력을 잃어갔습니다. 하지만 선은 인간이 하찮은 존재가 아니라 무한히 존엄한 존재임을 일깨워 주었습니다. 서양 문명이 빚어낸 현대 사회의 인간 소외와 허무주의를 넘어서는 길에서 참선의 철학을 기웃거리는 서양인들이 늘어나고 있습니다.

9

지혜 상자

원효의 '차별 없는 사랑'

"견문이 적은 사람은 좁은 소견으로 자기의 견해에 찬동하는 자는 옳고 견해를 달리하는 자는 그르다고 한다. 이는 마치 갈대 구멍으로 하늘을 본 사람이 그 갈대 구멍으로 하늘을 보지 않은 사람들을 보고 하늘을 보지 못한 자라고 나무라는 짓과 같다."

신라 불교를 대표하는 원효[617~686]의 말입니다. 그의 독창적인 불교 철학이 '화쟁'인데요. '화쟁和諍'은 여러 종파로 나뉜 불교 철학에서 서로 다른 이론을 인정하면서도 이들을 더 높은 차원에서 통합하는 사상입니다. '원융회통圓融會通 사상'이지요.

여러 철학이 서로 다투며 끝없이 논쟁을 벌이는 까닭이 집착에 있다고 본 원효는 어떤 학설을 고집하지도 버리지도 않았습니다. 두 학설이 대립할 때 근원을 꿰뚫어 보아 두 논리를 융합하여 새로운 가치를 찾았습니다. 모순이나 대립을 하나로 묶어 담는 거죠.

원효 철학의 또 다른 고갱이가 '일심一心', 곧 한마음입니다. 원효는 인간은 누구나 불성을 지니고 있기에 마음의 근원을 되찾으면 붓다가 될 수 있다고 보았습니다. 그 마음의 근원이 일심이지요. 일심은 모든 존재와 현상의 근거인데요. 일심이 구현된 세계가 바로 정토입니다.

일심과 화쟁의 원효 철학은 의상과 함께 중국으로 유학을 떠나는 길에서 형성됐습니다. 당시 당나라에는 인도를 다녀온 현장의 명성이 높았는데요. 그에게 직접 '선진 불교'를 배우고 싶었지요.

서해를 건너는 배를 타러 며칠에 걸쳐 걷다가 충청도 어느 산골에서 어두워져 동굴로 들어갔습니다. 잠을 자다가 목이 말라 깬 원효는 습관처럼 주변을 손으로 더듬다가 그릇에 담긴 물을 마셨는데요. 더없이 상쾌하고 시원했지요.

그런데 아침에 일어나 옆을 둘러보던 원효는 기겁을 했습니다. 밤중에 마신 '감로수'는 으깨어진 해골에 괸 썩은 물이었습니다.

곧장 구역질을 하던 순간, 원효는 이 세상의 온갖 현상은 모두 마음에서 일어난다는 진리를 확연히 깨닫습니다. "진리는 결코 밖에 있는 것이 아니라 내 안에 있다"고 판단한 원효는 굳이 당나라까지 유학 갈 필요가 없다며 경주로 돌아오지요.

원효는 자신의 깨달음을 세상에 널리 알리려고 거침없이 거리로 나가서 '누구나 본래의 마음을 깨달으면 정토를 이룰 수 있노라'며 춤과 노래로 계몽에 나섰습니다. 그의 철학을 민중 불교로 평가하는 이유입니다.

원효는 마음의 근원을 되찾으면 모든 차별을 벗어나 만물이 평등하다는 것을 깨우칩니다. 만물을 차별 없이 사랑하는 자비의 마음도 얻지요. 원효는 누구나 마음을 다스리면 큰 깨달음을 이룰 수 있다고 확신했습니다.

신라의 불교 철학자 대다수가 중국 유학을 선망하고 있을 때, 당당히 거부한 원효의 일심과 화쟁의 철학은 중국의 고승 법장과 징관에게도 영향을 끼칠 만큼 동아시아에 널리 퍼졌습니다.

Philosophy

6

Asia

사람을 사랑하는 참다운 길

춘추 전국 시대와 공자의 철학

동아시아에서 철학의 길을 연 사람은 공자[BC 551~BC 479]입니다. 철학 사를 톺아보면 사유의 물줄기를 바꾼 철학자에겐 자연스레 사람들이 모여듭니다. 소크라테스의 철학 정신을 따르는 철학자들이 고대 그리스 철학, 더 나아가 유럽 철학을 이뤘고, 붓다의 철학을 이으려는 철학자들이 불교 철학사를 형성했습니다.

중국에서 여러 나라들이 쟁패하던 춘추 전국 시대를 제자백가라합니다. 많은 철학자들이 저마다 무리를 이뤄 철학적 '가문'을 이뤘다는 표현인데요.

제자백가 가운데 중국의 춘추 전국 시대를 양분하다시피 영향력이 컸던 철학은 공자의 유가와 묵적의 묵가였습니다. 유가와 묵가는 사람을 사랑하는 철학을 전개했지만 사랑의 방법은 사뭇 달라 격렬한 논쟁을 벌였습니다.

먼저 유가부터 살펴볼까요. 유가의 출발은 단연 공자입니다. 공자는 '인간이 마땅히 가야 할 길'을 도道라고 개념화했습니다.

공자에게 도의 깨달음은 인간의 인간다운 길로 이어집니다. 삶의 길이 곧 도이지요. 공자 철학에서 인생의 의미는 최상의 인격을 성취함에 있습니다. 그래서 "아침에 도를 깨달으면 저녁에 죽어도 좋다"는 의연함을 잃지 않았지요.

공자 철학에 가장 중요한 개념이 인仁입니다. '살신성인殺身成仁'이란 말처럼 몸을 던져서라도 '인'을 이룬다는 결기가 공자와 유가의 철학에 배어 있습니다.

'인'이 무엇인지 논의하기 전에 공자의 삶부터 짚어 보죠. 공자의 본디 이름은 공구입니다. 태어날 때 머리가 움푹 들어가 언덕처럼 보여서 이름을 그렇게 지었다지요. 구丘는 언덕을 뜻합니다. 어머니가 아들을 얻기 위해 니구산尼丘山에 가서 산신령에게 기도를 올리고 공자를 낳았기에 산 이름에서 이름을 따왔다는 주장도 있습니다.

당시 중국은 여러 개의 작은 나라로 갈라져 서로 싸우고 있었습

공자

니다. 공자는 그 가운데 하나인 노나라가 통치하던 지금의 산둥성에서 태어났지요.

집안은 몹시 어려웠습니다. 아버지는 계급이 낮았지만 용감한 군인이었고, 엄마는 무당의 셋째 딸이었지요. 공구가 태어났을 때 아버지는 일흔 살인데 어머니는 겨우 열여섯 살이었습니다. 두 사람의 나이 차이가 크지요. 딸만 아홉 얻은 아버지가 아들을 보려고 세 번째 맞은 아내가 공구의 젊은 어머니였습니다. 세 살 때 아버지가 세상을 떴는데 장례식마저 제대로 치르지 못할 정도로 가난했습니다. 홀어머니 밑에서 어린 시절을 보냈지요.

　　　　　　　　　　　　　　　　　　　　　10대와 통하는 철학 이야기

훗날 어떤 사람이 공자의 제자에게 "선생님공자은 성인이시군요. 어쩌면 그렇게 재능이 많으신가요?" 물었을 때, 제자가 대답했습니다.

"하늘이 장차 선생님을 성인으로 만드시려고 해서 재능이 많습니다."

보통 사람이라면 제자의 그런 말에 으쓱하거나 못 들은 척했겠지요. 그런데 공자는 그게 아니라며 이렇게 말합니다.

"내가 어렸을 때 집안이 몹시 가난했답니다. 그래서 여러 가지 일을 하게 되었고 그러다 보니 재능이 많아졌습니다."

어렸을 때부터 이런저런 일을 하다 보니 재능이 많아졌다고 담담하게 회고했지요. 불우한 가정 환경을 탓하시 않고 오히려 자기 발전의 계기로 삼은 셈입니다.

가난한 소년 공구는 학문을 배울 기회조차 얻지 못했어요. 혼자 공부해야 했지요. 열다섯 살 때에는 권세 있던 집안의 소를 맡아 기르는 일을 하면서 그 집안에 쌓여 있는 책들을 빌려 읽었습니다.

훗날 공자는 "십여 호밖에 안 되는 조그만 마을에 나만큼 성실한 사람은 있겠지만, 나만큼 학문을 좋아하는 사람은 없을 것"이라고 회고했습니다.

책을 가까이하면서 똑똑해진 10대의 공구는 벼슬아치의 양곡 창고를 관리하게 되었습니다. 꼼꼼하게 일을 처리해 신임을 받았지요.

늘 성실하고 열심히 일한 덕분에 공구의 지위는 조금씩 올라갑니다. 마침내 자신이 태어난 노나라의 재상에 오르지요.

의욕적으로 정치를 펴 나가던 공자는 왕이 간신들의 아첨과 모함에 기울며 환락에 빠지자 크게 실망합니다. 결국 56세에 자신이 태어난 나라를 떠나 정처 없는 방랑길에 올랐지요. 14년에 이르도록 이 나라, 저 나라를 떠돌면서 자신이 품은 큰 뜻을 실천할 왕을 찾습니다. 돌봐줄 주인을 잃은 '상갓집 개'라는 조롱을 받을 때도 선뜻 '그 말이 옳다'고 응수했지요.

그러나 '옳은 말'만 하는 공자를 아무도 받아 주지 않았지요. 이미 아내는 오래전에 집을 떠났고, 아들도 먼저 죽었으며 그가 사랑한 제자 안회와 자로도 죽습니다.

괴로움과 슬픔에 잠긴 공자는 현실 정치에서 자신의 이상을 실현하려는 뜻을 접고 교육에 전념했지요.

젊은 시절부터 자기 집을 서당 삼아 제자들을 길렀는데요. 모두 3000여 명이 가르침을 받았다고 합니다. 그리고 일흔두 살에 제자들에게 둘러싸여 파란만장한 삶을 마쳤습니다.

제자들은 스승이 남긴 말을 모아 책으로 펴냈는데 바로 『논어』입니다. 공자의 가르침은 유가로 이어지며 중국과 한국, 일본에까지 퍼졌습니다.

자신과 가까운 사람부터 사랑하라

공자는 자신이 세운 뜻을 현실 정치에서 구현하지 못한 '패배자'이지만 후학을 길러 냄으로써 2000년 넘게 동아시아 사람들의 인생에 큰 영향을 끼치는 '위업'을 이뤘습니다.

그럼 공자의 철학에서 가장 중요한 개념인 인仁이 무엇인지 살펴보죠. 국어사전에서 인을 찾아보면, "공자가 주장한 유교의 도덕 이념. 또는 정치 이념으로 남을 사랑하고 어질게 행동하는 일"이라고 풀이합니다. 사전 정의로 보아도 인은 사랑과 통합니다.

공자는 어떻게 인을 설명했을까요? 공자의 가르침을 기록한 『논어』에는 인에 대한 설명이 많이 나옵니다.

무엇보다 『논어』는 인을 "애인愛人"으로 정의합니다. 사랑하는 사람이라는 뜻의 애인이 아니라 사람을 사랑한다는 뜻이지요. 언뜻 생각하면 불교의 자비나 기독교의 사랑과 비슷해 보이지만 조금 다릅니다.

공자의 '애인'은 분명한 어조로 '자신과 가까운 사람부터 사랑하라'고 가르칩니다. 자식을 사랑하고 부모에게 효도하고 형제자매와는 사이좋게 지내라는 말이지요. 공자는 친자 관계의 사랑을 인의 뿌리라고 가르쳤어요. 공자를 따르는 유학자들이 '가족주의'로 평가받는 이유도 여기에 있습니다.

부모에게 효도하는 마음은 죽어서도 제사의 형태로 이어갑니다.

마음에서 우러나오는 부모에 대한 사랑과 존경에서 자신의 존재 의미를 느낄 수 있다는 거죠. 공자의 애인은 가족을 출발점으로 나라와 천하로 사랑을 넓혀갑니다.

유학자들이 수신제가, 치국평천하修身齊家 治國平天下라는 말을 즐겨 쓴 이유가 여기에 있어요. 자신을 다스리고, 집안을 다스리고, 나라를 다스리고, 천하를 다스린다는 뜻이지요.

인에 대한 더 철학적인 정의는 '극기복례克己復禮입니다. 공자의 수제자 안회가 인에 대해 물어보았을 때 내놓은 답인데요.

극기복례, 곧 자기를 넘어서 예에 따르는 삶이 인이라는 뜻이지요. 그가 가르친 극기는 마음의 극기를 뜻합니다. 인의 경지는 욕망에 빠지기 쉬운 자기 자신을 이겨 내는 끊임없는 자기 노력으로 달성됩니다.

그렇다면 복례란 무엇일까요? 극기가 개인의 문제라면, 복례는 관계에 대한 문제입니다. 사람과 사람이 서로 예의를 지켜야 옳다는 뜻이지요. 공자는 본능이나 욕망을 이겨 내며 살아가는 게 예의라고 가르칩니다.

무엇이 예의일까요. 공자는 "자기가 하고 싶지 않은 것을 다른 사람에게 시키지 말아야 한다"고 강조합니다. 참 쉬운 말이지만 실천하려면 극기가 필요하지요. 자기가 하고 싶지 않은 일을 다른 사람에게 미루려는 욕망을 버려야 하니까요.

인이라는 말에서 흔히 '어질다'는 풀이를 떠올리는데요. 국어사전

의미로 '어질다'는 "마음이 너그럽고 착하며 슬기롭고 덕행이 높다" 입니다.

공자 철학은 '인간의 인간다운 길'로 이어진다고 했죠? 사람이 인을 갖추어 고매한 인격을 갖추는 과정에 대해 공자는 다음과 같이 말합니다.

"나는 열다섯 무렵에 배움에 뜻을 두었고, 서른 무렵에 내 발로 섰고, 사십 무렵에는 흔들리지 않게 되었고, 오십 무렵에는 천명을 알게 되었습니다. 육십에는 남의 말을 순순히 들었고, 칠십이 넘자 마음 가는 데로 살아도 이치에 어긋나지 않게 되었습니다吾十有五而志于學, 三十而立, 四十而不惑, 五十而知天命, 六十而耳順, 七十而從心所欲不踰矩."

10대 중반, 열다섯 살의 공구는 배움에 뜻을 세웠습니다. 세상을 이해하려고 공부하겠다는 다짐이지요. 그래서 '학이시습지 불역열호學而時習之 不亦說乎'라 했습니다. 배우고 때때로 익히는 학습이 '어찌 즐겁지 않겠는가?'라는 뜻이지요.

학습에 최선을 다한 공자는 서른 살에 이르자 홀로 설 수 있었습니다. 40대에 들어서면서 어떤 유혹에도 흔들리지 않았으며 50대에는 천명을 알았다고 했는데요. 마침내 세상 이치를 파악했다는 자부이지요.

60대에 이르자 누가 어떤 말을 해도 마음이 거슬리거나 불편하지 않았습니다. 70대의 공자는 마음 가는 대로 생활해도 아무 문제가 없는 경지에 이릅니다.

공자는 그렇다면 죽음은 어떻게 인식했을까요? 2500여 년 전에도 이미 '죽음'은 중요한 철학적 문제였습니다. 제자가 묻습니다.

"선생님, 죽음이란 무엇입니까?"

제자의 간절함과 달리 공자의 답은 뜻밖에도 간명합니다.

"삶이 무엇인지 모르겠는데 내가 죽음을 어찌 알 수 있겠는가."

우리는 여기서 철학자 공자의 정직과 솔직함을 읽을 수 있습니다. 인간이 도무지 알 수 없는 죽음과 그 이후 세계의 의미를 찾기보다 지금 여기서 어떻게 살아야 하는지를 탐구하자는 뜻이지요.

공자에게 죽음이 성큼성큼 다가올 때입니다. 공자는 제자들에게 선언했지요.

"앞으로 더 이상 말하고 싶지 않구나."

제자 자공이 스승의 마음을 돌리려고 조심스레 말했습니다.

"선생님이 말씀해 주지 않으시면 저희가 어떻게 도를 이어 전하겠습니까?子予不言, 則小子何述焉?"

그러자 공자는 이렇게 말했습니다.

"하늘이 무슨 말을 하던가? 사계절은 때가 되면 바뀌고 만물은 때에 따라 자라난다. 하늘이 무슨 말을 하던가?天何言哉? 四時行焉, 百物生焉, 天何言哉?"

맹자의 민본주의 정치 철학

공자의 사후 그의 철학을 이어받아 발전시킨 철학자로 단연 맹자孟子, BC 371~BC 289가 꼽힙니다. 맹자는 공자가 태어난 노나라와 인접한 추나라의 귀족 집안에서 태어났습니다.

공자가 그렇듯이 맹자도 어린 나이에 아버지를 잃고 홀어머니와 살았지요. 맹자는 공자가 태어난 마을에서 멀지 않은 곳에서 자랐기 때문에 공자의 가르침을 일찍부터 알 수 있었습니다. 공자와 같은 성인이 되고 싶었지요.

그래서 공자의 손자인 자사子思의 문하생으로 들어갑니다. 자사에게 공자의 철학을 배운 맹자는 젊은이들을 가르치는 선생이 되었고 잠시 제나라의 관리로도 일했습니다. 난세 속에서도 자신의 주장을 펴 나갔지요. 여러 나라를 돌아다니면서 제후들에게 어진 정치를 베풀라고 조언했습니다.

맹자는 인간의 본성은 착하다는 성선설을 논리정연하게 전개했습니다. 인간은 측은지심惻隱之心·수오지심羞惡之心·사양지심辭讓之心·시비지심是非之心을 타고 났다며 이를 사단四端이라 했습니다. 사단을 잘 구현해 가면 최고의 덕인 인仁·의義·예禮·지智에 이른다고 주장했지요. 누군가를 측은하게 여기는 마음은 인어질, 부끄러워하는 마음은 의의로움, 사양하는 마음은 예예절, 옳고 그름을 가리는 마음은 지지혜를 이룹니다.

맹자

하지만 착한 본성을 지녔어도 방치하면 황폐화합니다. 맹자가 교육과 자기 수양을 중시한 까닭입니다. 마음을 최대한으로 수양하면 자신의 성품과 하늘을 알게 된다며 모든 사람이 중국 고대의 전설적 군주인 요堯·순舜과 같은 인물이 될 수 있다고 강조했습니다.

맹자는 성선설을 바탕으로 정치 철학을 전개했습니다. 그에게 정치의 핵심은 민중의 생존권 보장과 교육입니다. 한마디로 줄이면 항산항심이지요.

항산항심恒産恒心은 '일정한 재산이나 생업이 있어야 떳떳한 마음도 생긴다'는 뜻입니다. 경제적 어려움으로 생존권이 위협받으면 마음에 여유가 없어 도덕심을 지키기 힘들다는 통찰이지요. 한국 속담에 "곳간에서 인심 난다"는 말과 같은 맥락입니다.

맹자는 여러 나라를 돌아다녔습니다. 인간관과 정치관을 정립한 철학자로서 그의 이상을 실현하고 싶어서였지요. 맹자가 이동할 때 그의 뒤로 수레 수십 대와 제자 수백 명이 따랐다고 하지요.

하지만 맹자와 만난 왕들은 그의 철학을 받아들이기 어려웠습니다. 이를테면 양나라의 혜왕은 맹자를 반겨 맞으며 어떻게 해야 강한 나라를 만들 수 있는지 물었을 때, 다음과 같은 답을 듣습니다.

"만일 왕께서 어떻게 내 나라를 이롭게 할까만 생각한다면 신하들도 반드시 어떻게 내 집안을 이롭게 할까만 생각할 것입니다. 선비나 백성들까지 어떻게 나 자신을 이롭게 할까에 골몰하겠지요. 그렇게 위아래 할 것 없이 서로 자기의 이익만을 염두에 둔다면 나라가 위태롭게 됩니다. 신하가 자기 이익을 생각해 왕을 섬기고, 자식이 자기 이익을 생각해 어버이를 섬기고, 동생이 자기 이익을 생각해 형을 섬긴다면, 그것은 결코 인의가 아닙니다. 그러고도 멸망하지 않은 나라는 지금까지 없었답니다."

맹자가 주장한 인의仁義 중심의 왕도 정치입니다. 거기서 그치지 않습니다. 맹자는 왕을 질리게 하는 말을 서슴지 않았지요. 맹자가 왕에게 묻습니다.

"감옥을 지키는 관리가 자기가 맡은 감옥의 질서를 바로잡지 못할 때는 어떻게 해야 옳습니까?"

왕은 그처럼 쉬운 물음을 던지느냐는 표정으로 단호히 대답합니다.

"당장 그자를 파면해야 한다."

그때 맹자는 촌철살인의 물음을 던집니다.

"나라 전체가 문란해졌을 때는 어떻게 해야 합니까?"

왕은 말을 돌렸지만, 그의 마음은 맹자에 대한 분노로 가득하지 않았을까요.

맹자는 왕이 자신의 의무를 게을리해 백성에게 원망을 들으면 마땅히 물러나야 한다는 혁명적 사유를 전개했습니다. 왕을 바꾸는 혁명이 임금과 신하 사이의 의리를 파괴하는 일도 아니라고 덧붙였지요. 왕이 왕으로서 의무를 다하지 못한다면 이미 군신君臣의 관계로 볼 수 없다는 논리입니다.

이를 '역성혁명易姓革命'이라고 부르는데요. 왕조에선 세습되는 통치자의 성姓이 있기에 새 왕조를 세우면 통치자의 성이 바뀌기 때문입니다.

맹자의 왕도 정치와 역성혁명론은 민중을 중심에 둔 철저한 민본주의 정치 철학이었습니다. 결국 어떤 왕도 맹자의 정치 철학을 받아들이지 않았지요. 맹자는 굴하지 않고 조국인 추나라로 돌아와 후학을 길러 내며 여생을 마쳤습니다.

평화주의자 묵자의 유가 비판

중국의 춘추 전국 시대에는 유가만 있지 않았습니다. 백가쟁명이라 했듯이 숱한 철학이 나타났지요. 묵가도 유가만큼이나 큰 학파였습니다. 한비자는 법가였음에도 "세상에 잘 알려진 학파는 유가와 묵가"라고 기록했습니다.

묵가를 형성한 철학자가 묵자로 불린 묵적墨翟, BC 480~ BC 390입니다. 묵자는 공자 못지않게 천하를 주유했습니다. 그래서 '공자의 앉은 자리가 따뜻해질 겨를이 없고, 묵자의 굴뚝이 검게 그을릴 겨를이 없다'는 말이 나돌았습니다. 공자든 묵자든 어느 한 곳에 머물며 쉬지 않았다는 거죠.

현실을 개혁하려는 묵자의 의지는 열정적이었습니다. 묵자는 세상을 이롭게 하는 일이라면 자신의 "이마를 갈고 발뒤꿈치를 잘라내서라도" 동참하겠다고 나섰습니다.

묵자가 더 나은 세상을 이루려고 헌신하는 모습을 안타깝게 바라보던 사람들이 그에게 "그렇게까지 할 필요가 있느냐"고 물었습니다. 묵자는 담담하게 말했지요.

"만약 천하 사람이 농사지을 줄 모른다고 가정합시다. 그때 사람들에게 농사짓는 방법을 가르쳐 주는 것과, 사람들에게 농사짓는 방법을 가르쳐 주지 않고 혼자 농사짓는 것, 이렇게 두 가지 길이 있으면 어느 쪽의 공로가 크겠습니까?"

묵자가 세상을 바꿀 철학으로 내세운 사상의 고갱이는 '겸애兼愛'입니다. 묵자는 나라와 나라 사이에 일어나는 전쟁이나 개인과 개인 사이에 벌어지는 싸움은 모두 서로 사랑하지 않아서라고 보았습니다.

얼핏 추상적인 말처럼 들리지만 자세히 살펴보면 구체적 정치 철학을 펼치고 있습니다. 겸애는 자신을 사랑하듯 다른 사람을 사랑하고, 자기의 어버이를 사랑하는 것처럼 다른 사람의 부모도 사랑하여 자기와 남 사이에 조금도 차별을 두지 말라는 개념인데요.

묵자는 "하늘이 모든 백성을 구별 없이 평등하게 사랑하는 것같이, 우리도 다른 사람을 차별 없이 사랑하자"고 제안합니다. "남의 부모를 나의 부모처럼 여기고, 남의 집안을 나의 집안처럼 여기고, 남의 도읍을 나의 도읍처럼 여기고, 남의 국가를 나의 국가처럼 여기라"고 강조합니다.

묵자의 사랑은 가까운 친자 관계부터 사랑을 실천하라는 유가의 사랑과 분명 다릅니다. 그래서 유가는 묵자의 '평등한 사랑'이 어떻게 가능한지 반문합니다. 남의 자식, 남의 남편이나 아내, 남의 부모를 아무런 차별 없이 사랑할 수 있겠느냐는 거죠.

실제로 맹자는 묵자의 겸애설을 콕 집어 '임금을 무시하고 아비를 업신여기는 짐승의 도'라고 비판했습니다. 인간이 이룬 사회라면 기본적으로 마땅히 지켜야 할 질서를 묵자가 보지 못했다는 주장입니다.

물론, 묵자도 유가를 비판합니다. 유가는 말로만 사랑한다고 통렬히 나무랍니다. 묵자에게 사랑은 구체적으로 그 사람을 물질적으로 이롭게 하는 것입니다. 묵자가 겸애와 교상리를 늘 함께 제기하는

묵자

이유입니다. 교상리交相利는 '상호 물질적 이익 증대'를 뜻합니다.

묵자는 모든 구성원들 상호 간의 사랑인 겸애와 교상리를 통해 세상을 바로잡을 수 있다고 생각했습니다. 묵자 철학의 겸애와 교상리는 전국 시대의 숱한 전쟁으로 민중이 고통 받고 있는 현실에 바탕을 두고 있습니다.

묵가는 민중의 고통을 세 가지로 정리하고 있는데요. 굶주린 사람이 먹을 것을 얻지 못하고 추위에 떠는 사람이 옷을 얻지 못하며 수고한 사람이 휴식을 얻지 못한 세 가지를 듭니다.

따라서 왕에게 보내는 요구도 명확합니다. 백성을 사랑한다는 것은 단순히 그들을 불쌍하게 여기는 마음만으로는 완성될 수 없다는 거죠. 백성을 가장 효과적으로 사랑할 수 있는 사람, 백성에게 가장 유효한 이익을 제공해 줄 수 있는 사람이 다름 아닌 왕이기 때문입니다. 반드시 굶주린 자에게 먹을 것을 주어야 하고 추운 자에게 옷을 주어야 하며, 노동이나 병역으로 지친 자는 쉬게 해 주어야 한다고 강조합니다.

무엇보다 왕이 겸애를 실천하려면 백성에게 자신이 가진 것을 나누어 주어야 합니다. 그러려면 허례허식에 드는 비용을 줄여야 하고 백성의 삶 자체를 고통에 빠뜨리는 전쟁도 수행해서는 안 됩니다.

묵가에서 보기에 유가는 사랑의 완성이 기본적으로 자기희생과 이타적 행위에 기초한다는 것을 망각하고 있습니다.

묵가에게는 번잡한 예절, 무용한 장례 의식, 화려하고 사치스런 음악 공연을 중시하는 유가의 무리가 위선자로 보일 수밖에 없었습니다. 유가는 오만하고 자신을 따르는 자들만을 중시해서 민중을 제대로 이끌어 갈 수 없다고 주장합니다.

묵자는 춘추 시대의 근본적인 사회적 위기를 해결하기 위해 민중의 입장을 대변했던 철학자입니다. 공자가 통치자 계층의 도덕성을 높이는 데 관심을 가졌다면, 묵자는 피통치자 계층의 민생 문제에 관심을 가지고 있었다고 할 수 있습니다.

왕에게도 고통의 분담을 주장한 묵가는 자신들의 철학을 스스로 실천해 갔습니다. 나눔을 실천하다 보니 묵가 개개인의 삶은 청빈할 수밖에 없었지요.

『장자』에도 묵가의 사람들은 "대부분 짐승 가죽옷과 베옷을 입고 나막신이나 짚신을 신고서 밤낮을 쉬지 않았다"는 기록이 나옵니다.

묵가의 철학은 전국 시대 초기에서부터 천하를 통일한 진나라에 이르기까지의 시기에 가장 유력한 사상이었습니다. 이것은 전국 시대 중기의 맹자, 말기의 순자荀子나 한비자韓非子가 당시의 유력한 사상으로 묵가의 철학을 언급하고 있는 것으로도 확인될 수 있습니다.

묵자의 '다른 사람을 자신처럼 사랑하라'는 겸애사상, 어떤 방식으로든 전쟁을 막아야 한다는 평화주의, 절약을 강조하는 정신은 오늘날에도 주목할 만한 사상입니다.

신분의 귀천과 계급을 무시하는 묵자의 사상은 당시로서는 지나치게 파격적이어서 지배층의 신댁을 받지 못했습니다. 결국 선국 시대가 끝나고 한나라가 들어서면서 정치 지도자들은 묵가에 비해 보수적인 색채를 띠었던 유가를 자신들의 정치 철학으로 받아들였지요.

주자가 제시한 인격 수양의 철학

주자는 중국 송나라의 철학자 주희朱熹 1130~1200의 존칭입니다. 당대의 유학을 집대성하면서 유학자들 사이에서 공자와 맹자 다음으로 숭배받고 있습니다. 풍부한 독서와 세밀한 분석을 중시하는 주자의 학풍은 한국과 일본까지 영향을 끼쳤습니다.

주희

그의 철학은 '공경恭敬'을 기본으로 삼습니다. 이치를 끝까지 탐구해 그에 따라 행동하라고 가르칩니다. 황제에게도 직언을 서슴지 않았지요. 송나라가 파당 정치로 기울자 주자는 환멸을 느끼고는 관직에 연연하지 않았습니다. 저술과 교육에 전념했지요. 주자의 문하생으로 밝혀진 사람만 530여 명에 달하며, 저술도 방대합니다. "뜻을 굳게 가져라!"는 말을 유언으로 남긴 주자는 사후 40년이 지나 공자의 사당에 모셔졌지요.

주자는 유학이 공자 이후 경전에 주석만을 다는 훈고학에 머물고 있다고 비판했습니다. 주자의 철학적 사유로 유학은 훈고학의 틀을 넘어 개인의 수양을 목적으로 하는 학문, 통치의 기반이 되는 학문으로 재탄생합니다. 그가 『대학』과 『중용』을 중시하면서 『논어』, 『맹자』와 함께 유학의 기본서가 되어 이 책들은 사서四書로 불립니다.

주자의 철학은 주돈이, 정호, 정이, 장재, 소옹의 사상을 종합하여 발전시켰다는 평가를 받고 있는데요. 우주가 형이상학적인 무상無象 : 형체가 없는 것과 형이하학적인 유상有象 : 형체가 있는 것의 두 가지로 구성되어 있다고 설명합니다.

무상은 본연의 '이理'로서 태극太極이라고도 하며 만물이 생겨나는 본체입니다. 이理가 형이하학적인 기氣와 합해져 여러 형상을 만들어 냅니다. 인간에게는 이가 본성으로 나타나는데 본질적으로 지극히 순수하고 선한 것입니다. 악덕을 포함한 결함이 육체와 정신에 나타나는 것은 기의 불순함 때문입니다.

그러면 어떻게 살아야 할까요? 인간은 자기의 불완전한 심성을 사물의 이치를 밝히는 '격물'로 넘어서야 한다고 제안합니다.

인격 수양의 두 고갱이가 거경居敬과 궁리窮理입니다. 거경은 마음이 흔들리지 않고 모든 일에 공경한 자세를 유지하는 것입니다. 궁리는 만물의 이치를 추구해 가는 것이지요. 주자는 거경과 궁리가 마치 수레의 두 바퀴, 새의 두 날개와 같다고 강조했습니다. 주자의 철학은 조선 왕조의 지배적 이념이 되었고 퇴계 이황과 율곡 이이의 철학에 영향을 주었습니다.

홍길동전에 담긴 허균의 사상

유학, 특히 주자학의 사상과 현실은 사뭇 달랐습니다. 조선 왕조의 지식 계급인 양반들이 주자학에 갇혀 있던 1592년부터 7년에 걸쳐 일본이 침략해 들어왔습니다.

조선의 민중들은 평소 '도덕군자'인 듯 행세하던 유학자들의 정권이 얼마나 무력하고 무능한가를 단숨에 깨달았지요. 일본군이 부산을 통해 조선에 들어온 지 20일 만에 선조는 도성을 버리고 비를 맞으며 몰래 도망쳤습니다. 백성들은 선조에게 욕설을 퍼부었지요. 그 전란을 겪은 선비들 가운데 허균이 있었습니다.

영국의 자유주의 철학자 밀의 『자유론』보다 200여 년 앞서 발표된 허균1569~1618의 「호민론」은 첫 문장부터 통찰로 번득입니다.

"천하에 두려워할 바는 오직 민이다."

왕조 시대에 쓴 글임을 감안하면, 혁명적 선언입니다. 물론 중국 철학에도 '역성혁명'을 정당화한 맹자가 있지만, 「호민론」은 글의 시작부터 긴장감을 자아냅니다.

"홍수나 화재, 호랑이, 표범보다도 훨씬 더 백성을 두려워해야 하는데, 윗자리에 있는 사람이 항상 업신여기며 모질게 부려먹음은 도대체 어떤 이유인가?"

백성을 더 두려워할 만하다고 강조한 허균은 현실이 그렇지 못한 이유를 '항민恒民'에서 찾았습니다. "대저 이루어진 것만을 함께 즐거워하느라, 항상 눈앞의 일들에 얽매이고, 그냥 따라서 법이나 지키면서 윗사람에게 부림을 당하는 사람들"이 항민입니다. 항민은 전혀 무섭지 않겠지요.

항민만 문제가 아닙니다. 허균은 "윗사람들의 끝없는 요구를 채워 주느라 시름하고 탄식하면서 그들의 윗사람을 탓하는 사람들"이 있다며 그들을 '원민怨民'이라 부릅니다. 원민도 두려워할 필요 없습니다. 기껏해야 원망하고 탓하는 데 그치기 때문입니다.

항민과 원민만 가득하면 "윗사람"들은 백성을 두려워할 이유가 전혀 없지요. 높은 자리에 있는 자들끼리 호의호식할 수 있습니다.

허균의 정치 철학은 항민이나 원민이 아닌 백성을 찾아냅니다. "자취를 푸줏간 속에 숨기고 몰래 딴마음을 품고서, 천지간天地間을 흘겨보다가 혹시 시대적인 변고라도 있다면 자기의 소원을 실현하고 싶어 하는 사람들"이 있다며 그들을 '호민豪民'이라 규정했습니다.

허균

크게 두려워해야 할 존재로 호민을 소개한 허균의 붓은 날카롭습니다. 호민이 "팔을 휘두르며 밭두렁 위에서 한 차례 소리 지르면, 저들 원민이란 자들이 소리만 듣고도 모여들어 모의하지 않고도 함께 외쳐 대기 마련이다. 저들 항민이란 자들도 역시 살아갈 길을 찾느라 호미, 고무래, 창 자루를 들고 따라와서 무도한 놈들을 쳐 죽이지 않을 수 없다"고 보았습니다.

그가 쓴 최초의 한글 소설 『홍길동전』 때문에 허균을 서출로 오해하는 사람도 있지만 명문가에서 태어났습니다. 하지만 역적모의를 했다는 이유로 체포됩니다. 이 사건을 이이첨이 허균을 제거하기 위한 모략으로 분석하는 학자들이 많은데요. 허균은 항변할 기회도 얻지 못한 채 뭇사람들 앞에서 능지처참당했습니다.

허균이 참혹한 죽음을 맞았을 때 그의 나이 49세였습니다. 『홍길동전』 속 홍길동은 호민의 전형입니다. 허균은 근대적 정치 철학을 논리적으로 밝혔고 그것을 민중 속에 퍼트리려고 소설을 쓴 조선의 천재였습니다.

III

현대 철학

PHILO
SOPHY

자유의 철학과
민중의 사슬

당대 지식 사회를 비판한 루소

프랑스 혁명의 사상가. 루소^{Jean Jacques Rousseau, 1712~1778}를 이르는 말입니다. 자유·평등·우애라는 혁명의 기초 이념이 루소의 철학에서 비롯했다는 평가를 받고 있지요. 실제로 프랑스 혁명의 지도자인 로베스피에르는 혁명 과정에서 루소를 '자기 삶의 좌표를 바꾼 인물'로 숭배했습니다.

"사람은 자유롭게 태어났지만 어디서나 사슬에 얽매여 있다."

루소가 1762년 『사회 계약론』을 출간하며 쓴 유명한 문장인데요. 프랑스 혁명을 앞뒤로 변혁을 바라던 사람들의 심장을 울린 말이지요.

차분한 철학자 칸트도 자신이 루소로부터 영향 받은 사실을 겸손하게 털어놓았는데요. 자신은 철학자이고 싶은 사람이고 오직 지식을 갈구하며 그것만이 인류의 영광을 높이는 일이라고 생각했었는데 루소가 이것을 시정해 주었다고 밝혔습니다. 루소를 통해 "그런 뽐내던 생각은 사라졌다"며 인간을 존중하는 일을 배우고 있다고 토로했습니다.

루소는 가난한 시계 제조공의 아들로 태어났습니다. 루소는 자신이 '민중의 아들'이라는 자의식이 뚜렷했습니다. 일도 하지 않고 호의호식하는 상류 계급을 평생 싫어했지요.

루소에게 어머니는 '아픔'이었습니다. 자신을 낳고 열흘 만에 출산 후유증으로 숨을 거뒀거든요. 루소는 훗날 『고백록』[1781]에서 "나는 어머니의 생명을 희생시킨 대가로 태어났고, 따라서 나의 출생은 나의 여러 가지 불행 가운데 최초의 것이었다"고 썼습니다.

제네바를 떠나 방황하던 시절 루소는 가톨릭 사제가 되고자 이탈리아에 머물기도 했고, 여러 귀족들의 삶을 가까이서 관찰할 수 있었습니다. 그 결과는 환멸이었지요. 상류 계급은 가식적인 교양과 귀족적 허영으로 가득 차 있었습니다.

루소의 삶에 전환점을 가져온 것은 귀족 바랑[Warens] 부인입니다.

루소

열여섯 살의 청소년 루소는 그녀의 보살핌으로 경제적 안정에 더해 독서에 전념할 수 있게 됩니다.

태어나자마자 어머니를 잃어 모성애가 그립던 루소는 열세 살 연상의 그녀와 연인으로까지 발전합니다. 20대 내내 바랑 부인과 함께 살았지만 그녀의 자유분방한 생활을 견디지 못해 서른 살을 맞은 1742년에 독립합니다.

귀족의 거처를 떠나 파리에 정착해 젊은 철학자들과 소통하며 1743년부터 1744년까지 베네치아에 파견된 프랑스 대사의 비서로 일했습니다. 다시 파리로 돌아온 루소는 계몽주의 철학자 디드로 Denis Diderot 와 사귀며 『백과전서』 집필에 참여할 수 있는 기회를 얻었습니다.

30대 후반인 1749년에 신앙 문제로 수감된 디드로를 면회하러

가던 중, 우연히 디종^{Dijon} 아카데미의 현상 공모를 봅니다. 공모 논제가 '르네상스 이후 예술과 학문의 부흥은 인류의 개선과 고양에 어떤 기여를 했는가?'였지요.

루소는 공모에 응하며 계몽주의가 지배하던 당시 지식 사회의 오만을 비판했습니다. 학문과 예술의 발전으로 오히려 인간의 도덕성은 퇴화했다는 논지로 최고상을 받았는데요.

루소는 학문과 예술이 그렇게도 많은 사람들의 입에 오르내렸지만 그 혜택은 과연 어디서 찾을 수 있는가를 따졌습니다. 루소는 인류가 동물보다 못한 빈곤과 예속 상태에 있다고 경고했습니다.

문화는 세련됐지만 불의가 심해지고 인간 본연의 덕성을 존중할 줄 모르게 되었다고 분석했지요. 바로 그래서 철학이 필요하다고 강조했습니다.

홉스의 『리바이어던 Leviathan』을 읽으며 '사회 계약설'에 눈떴는데요. 그럼에도 자연이 '만인에 대한 만인의 투쟁'이 벌어지는 무정부 상태라는 홉스의 설명에는 동의하지 않았습니다.

홉스는 인간을 사회성이 결여된 이기적 존재라고 보았지요. 그래서 개개인은 자신의 자연권을 국가에 넘기고, 국가는 절대적인 강제력을 행사함으로써 사회를 평화로운 상태로 이끌어 간다고 설명했습니다.

'우정과 조화'가 지배하는 자연

루소는 홉스보다 로크의 관점에 끌립니다. 로크는 신의 자연법이 존재한다고 보았기에 자연을 평화로운 상태로 묘사했거든요. 루소는 거기에서 한 걸음 더 나아갑니다. 자연 상태에서 인간은 평등하고, 자유를 누리며, 독립적인 삶을 누린다고 보았습니다. 사회가 발전하면서 분업화하고 가족 제도와 사유 재산이 보장받으면서 사회경제적·정치적 불평등과 인간 소외 현상이 발생하게 되었다는 건데요.

어느 개인이 일정한 토지에 울타리를 두르고 '이것은 내 것이다.' 선언하는 일을 생각해 냈을 때, 주위 사람들이 그것을 고지식하게 받아들였다는 겁니다. 그 점에 착안한 최초의 인물이 상공인 사회의 본래 창시자라는 거죠.

루소는 그때 말뚝을 뽑아내고, 개천을 메우며 "이런 사기꾼이 하는 말 따위는 듣지 않도록 조심하라. 열매는 모든 사람의 것이며 토지는 개인의 것이 아니라는 것을 잊는다면 너희들은 파멸이다"라고 동포들에게 외친 자가 있다면, 그 사람은 얼마나 많은 범죄와 전쟁과 살인, 그리고 얼마나 많은 비참함과 공포를 인류에게서 없애 주었겠는가라고 반문합니다.

사뭇 격정적인 고발이지요. 사람들이 토지를 소유한 뒤로는 남의 땅을 약탈하려 전쟁과 살인을 저질렀고, 소유욕과 공명심에 눈이

어두워진 간악한 존재가 되었다는 주장입니다.

그래서 부자들은 뭉쳐야 약자가 억압받는 것을 막을 수 있고, 공명심에 눈이 어두운 자를 견제할 수도 있으며 누구나가 소유권을 행사할 수 있도록 도와줄 수도 있다고 주장했습니다.

누구나 자기가 소유하고 있는 힘을 상대방에게 불리한 방향으로 활용할 것이 아니라 그 모든 힘을 하나의 최고 권력으로 통합함으로써 현명한 법령을 통해 모든 구성원들을 보호할 수 있다는 거죠. 아울러 "공동의 적에 대처하며 우리 모두의 영원한 화목을 유지해 갈 수 있다"고 사람들을 설득했습니다.

순진한 민중이 부자들의 이런 세련된 제안에 동의함으로써 국가와 법률이 발생했고, 마침내 민중에게 새로운 올가미가 씌워졌다는 비판이지요. 반대로 부자들은 인류 불평등을 영구화할 가능성을 마련했다고 보았습니다.

루소는 『인간 불평등 기원론』[1755]으로 유럽 지성인들의 주목을 받았는데요. 부자와 가난한 사람들을 갈라놓은 재산의 발생에 이어 신분 제도가 불평등한 세상을 만들었다고 비판했습니다.

민중은 헐벗고 굶주리는데 부자들은 지나친 풍요를 누리면서 미련한 자가 현명한 자를 다스리게 되었다고 꼬집었습니다. 루소는 출신에 관계없이 인간은 평등하다며 자연 상태는 '만인의 만인에 대한 투쟁'이 아니라 우정과 조화가 지배하고 있다고 보았지요. 루소는 그 자연 상태를 회복하자고 호소했습니다.

따라서 루소가 '자연으로 돌아가라'고 할 때, 그 '자연'을 우리가 살고 있는 환경이라는 좁은 의미로 이해하면 오해입니다. 루소에게 자연은 인간이 본디 선한 존재라는 사상과 이어져 있으며 악의 근원인 사회와 대립된 개념입니다.

루소가 '자기 사랑'과 '자기 편애'를 구별한 대목도 인상적입니다. 자기 사랑의 열정은 자연 상태에서 인간이 갖게 되는 감정이지만, 자기 편애는 사회 상태에서 생겨나 경쟁과 배제를 불러일으킵니다.

자기 편애와 반대로 자기 사랑은 평화롭고 호혜적인 관계를 창출합니다. 루소는 사적 소유가 발생하고 불평등이 일어나는 단계에서 나타난 인간의 악덕을 어떻게 극복할 수 있을지 방법을 모색했습니다.

루소는 자기 보존과 타인과의 호혜적 관계를 동시에 이루려면 자기 편애가 아닌 자기 사랑이 작동하는 사회적 조건을 구현해야 한다고 생각했지요. 자기 편애의 경쟁적 관계를 이성으로 계몽하고 자기 사랑의 공감적 연대를 통해 정치 사회의 부조리를 해결하자고 호소했습니다.

사슬을 끊고 자유를 구하라

루소는 인간의 자유와 국가 권력이 조화로울 수 있다고 주장했습니다. 정당한 권력을 가능하게 하는 기초는 전체의 합의, 곧 구성원들의 자유로운 동의입니다. 그 합의에 따라 사회 계약이 성립하지요. '개개인이 자연 상태에서 누리던 자유가 정치 사회에서도 희생되지 않는 방법'이 루소의 사회 계약론에 담긴 핵심적인 문제의식이었습니다.

루소는 사회 구성원이 모두 동등한 존재로 참여해 진정한 자유를 추구하는 의사 형성 과정에서 공공선과 공공 정신이 형성될 수 있다고 보았는데요. 이를 가능케 하는 정치 형태로 고대 그리스의 직접 민주 정치를 예시했습니다.

인간의 순수한 본성에 대한 믿음을 전제로 한 루소의 사회 계약론은 자유로운 사람들이 공동체를 위해 서로 협동하는 것을 뜻했습니다. 인간의 순수한 본성을 루소는 순박한 민중에서 발견했지요. 민중은 공공선을 지향하는 '일반 의지general will'를 자발적으로 따릅니다.

루소의 일반 의지에는 자연 상태의 개개인이 정치 사회를 세우는 '공동의 목적'과 함께 사회 계약의 결과로 모든 사람에게 적용되는 '일반 원칙'이 담겨 있습니다. 개개인의 '개별 의지'나 개별 의지의 총합인 '전체 의지'와 달리 일반 의지는 공동체 구성원으로서 민중 모두가 지향해야 할 공동의 이익과 일치합니다. 사회 계약은 '일반 의지를 지향하는 정치 사회 구성원 모두의 약속'이 되는 거죠.

루소는 자신이 걸어온 길을 솔직히 토로한 『고백록』으로도 인간적 감동을 주었는데요. 그가 죽은 뒤 출간된 『고백록』에서 루소는 10대 시절을 회상하며 "자위행위를 하던 버릇은 평생을 따라다녔고, 노출증 때문에 몽둥이질을 당할 뻔도 했다"고 적었지요.

바랑 부인과 헤어져 방탕한 생활을 하며 방황하던 루소는 파리의 하숙집에서 하녀로 일하던 순박한 처녀를 만났습니다. 그녀와 동거에 들어갔고 두 사람 사이에 다섯 명의 아이들이 태어났지만 루소는 모두 고아원에 보냈지요. 동거하고 23년이 지나서야 결혼했습니다.

자유 기고가로서 명성이 높아졌지만, 루소의 삶은 여전히 안정을 찾지 못했습니다. 더욱이 우울증이 악화되어 갔습니다. 한적한 시골에 내려가 요양했는데요. 나아지지 않았습니다.

루소는 방문객을 거절하고 자신을 더욱 고립시켰습니다. 홉스와 달리 평화롭고 목가적인 자연 상태를 그린 루소는 사람들로부터 숱한 상처를 주고받으며 쓸쓸하게 죽음을 맞았습니다.

루소가 죽은 지 11년 후에 프랑스 혁명이 일어납니다. 민중의 사슬을 지적하고 자유를 주창한 루소의 자유 민권 사상은 혁명 지도자들의 사상적 지주가 되었습니다.

루소는 자연 상태의 인간을 '자연인'이라 부르며 그들은 자유로운 주체의 자질과 자기완성 능력을 갖추고 있다고 강조했습니다. 정의로운 사회를 재건할 가능성을 순박한 민중에서 찾은 이유이지요.

존 스튜어트 밀의 자유론

프랑스 혁명으로 루소의 철학과 자유·평등·우애라는 근대 민주 혁명의 이념이 유럽 전역으로 퍼져 갔습니다.

바다 건너 영국의 철학자 존 스튜어트 밀John Stuart Mill, 1806~1873은 1859년에 발표한 『자유론on liberty』에서 "자유 가운데서 가장 소중하고 또 유일하게 자유라는 이름으로 불릴 수 있는 것은 각자 자신이 원하는 대로 자신의 삶을 꾸려 나가는 자유"라고 주장했습니다.

물론 각자 자신의 원하는 대로 삶을 꾸려 가는 자유에는 조건이 있습니다. 다른 사람의 자유를 박탈하거나 자유를 얻기 위한 노력을 방해하지 않아야 하지요.

밀은 '우리의 몸이나 정신, 영혼의 건강을 보위하는 최고의 적임자는 누구인가?' 묻고 '바로 각 개인 자신'이라고 답합니다. 밀은 우리가 자신에게 도움이 된다고 생각되는 방향으로 자기 식대로 인생을 살아가다가 일이 잘못돼 고통을 당할 수도 있다고 인정합니다. 하지만 설령 그런 결과를 맞더라도 자신이 선택한 길을 가게 되면 다른 사람이 좋다고 생각하는 길로 억지로 끌려가는 것보다 궁극적으로 더 많은 것을 얻게 된다며 인간은 바로 그런 존재라고 단언하지요.

밀은 1806년, 영국 런던에서 태어났습니다. 아버지 제임스 밀은 공리주의 사상가로 아들의 교육에 과도할 만큼 열정을 쏟았지요.

밀

겨우 세 살 된 아들에게 그리스어를 가르치고, 일곱 살이 되자 플라톤을 읽도록 했습니다. 이듬해 라틴어를 배운 여덟 살 소년은 문학과 역사책을 읽어 가다가 열두 살에는 논리학과 경제학을 공부했습니다. 열일곱 살에 아버지가 다니던 동인도회사에 취업했지요.

아버지로부터 강압적 교육을 받았던 밀에게 전환점은 프랑스 여행이었습니다. 자유로운 사상과 토론, 생활의 여유는 충격으로 다가왔지요.

밀은 지금까지 자신이 다른 사람의 지식을 잡다하게 많이 소유해 왔을 뿐임을 깨닫고 자신의 삶을 주체적으로 열어 가기 시작했습니다. 아버지는 물론, 스승인 벤담의 공리주의 사상과 선을 그어 갔는데요.

벤담은 쾌락을 추구하고 고통을 피하려는 개개인의 본성에 주목하고 '최대 다수의 최대 행복'을 추구했습니다. 그에 따라 개개인의 이기주의를 긍정하고 자본주의도 예찬했습니다.

하지만 밀은 최대 다수의 최대 행복론은 쾌락을 양적으로 파악하는 문제가 있다며 인간에게 쾌락은 양이 아니라 질이 중요하다고 보았지요. 그 맥락에서 "만족한 돼지가 되는 것보다 불만 있는 인간이 좋고, 만족한 바보보다 불만 있는 소크라테스가 좋다"는 밀의 유명한 말이 나옵니다.

벤담의 철학은 최대 다수에게 최대의 행복 또는 쾌락을 가져다줄 수 있는 법칙이나 원칙을 세우려고 하지만, 밀은 감각적 쾌락만으로는 인간의 행복을 가늠할 수 없다고 주장합니다. 쾌락이나 행복은 감각적 느낌이라기보다 개개인이 가치가 있다고 느끼는 경험을 통해 드러나며, '도덕적이고 바람직한 삶'을 추구하는 개개인의 욕구를 배제하고 효용을 따질 수 없다는 거죠.

밀의 관심사는 쾌락 또는 효용의 측정이 아니라 도덕적 행위자로서 개개인의 품성 계발과 자기 발전이 가능한 정치 사회적 조건의 실현이었습니다.

사상과 토론의 자유

쾌락과 고통이라는 잣대를 고수했던 벤담과 달리 밀은 다양한 형태의 감정을 수용했습니다. 이기적 쾌락을 거부하고, 협력 속에서 개개인이 자기 발전을 추구하는 과정에도 주목했지요. 밀은 사람이 마땅히 누려야 할 자유를 셋으로 나누어 설명합니다.

첫째, 내면의 자유로 여기에는 사상의 자유, 감정의 자유, 의견과 표현의 자유가 있습니다.

둘째, 개개인이 개성에 맞게 자기 인생을 설계하고 자기가 희망하거나 좋은 데로 살아갈 자유입니다.

셋째, 어떤 모임이든 자유롭게 결성할 수 있는 결사의 자유입니다.

밀은 세 가지 자유를 절대적으로, 부조건적으로 누릴 때 자유로운 사회라는 이름에 값할 수 있다고 잘라 말합니다.

여기서 가장 기본적인 자유는 내면의 자유, 사상의 자유입니다. 생각의 자유를 침해해서는 안 되는 이유를 밀은 날카롭게 예시합니다.

밀은 침묵을 강요당하는 의견이 틀렸다고 하더라도 그것이 진리의 일정 부분을 담고 있을지도 모른다며, 그 '일정 부분'에 주목해야 더 나은 발전이 가능하다고 주장합니다.

설령 전적으로 옳은 진리라 하더라도 그것에 대한 비판과 토론은 필요합니다. 그 과정에서 진리가 독단과 구호로 전락하는 걸 막을 수 있습니다. 그래서 밀은 어떤 한 생각을 억압하는 것은 현 세대뿐만 아니라 미래 세대의 인류에게 '강도질'과 다를 게 없다고 경고합니다.

밀은 누구보다 개인의 자율성을 중시했던 자유주의자였습니다. 모든 형태의 전제를 경멸했던 정치 철학자였지요.

밀의『자유론』은 정치적 규제 또는 간섭으로부터 자유롭게 행동할 수 있는 '소극적 자유'와 함께 '다수의 전제'로부터 자유도 강조합니다. 다수의 전제가 정치적 폭압만큼이나 위험하기에, '집단 여론'이 개인의 자율성을 침해할 수 없도록 한계를 명확하게 하는 것이 중요하다고 보았습니다.

밀은『자유론』2장인 '사상과 언론의 자유'에서 강제력은 공공 여론에 반대해서 행사될 때보다 그것에 편승해서 행사될 때 더욱 유해하다고 경고합니다. 더 나아가 밀은 "비록 한 사람을 제외한 모든 인류가 동일한 의견을 갖고 있고 오직 한 사람만이 반대 의견을 가진다고 하더라도, 그 한 사람이 권력을 가지고 있어서 모든 인류를 침묵시키는 것이 부당한 것과 마찬가지로, 인류가 그 한 사람을 침묵시키는 것도 부당하다"고 선언합니다.

밀은 의견 발표를 막는 데에서 발생하는 해악의 특수성을 두 가지로 설명합니다. 첫째, 만일 그 의견이 옳다면, 인류는 '오류를 진리와 교환할 기회'를 상실하게 됨으로써 '현 세대와 다음 세대를 포함한 모든 인류의 행복이 강탈당한다는 거죠.

둘째, 만일 그 의견이 틀리다면, 진리가 오류와 충돌하면서 발생하게 되는 진리에 대한 더욱 명백한 인식을 잃는 엄청난 손실을 입게 된다고 우려합니다. 결국 의견을 제시하는 사람들보다는 의견에 반대하는 사람들의 손실이 더 크다고 지적합니다.

밀은 인간은 누구나 '오류 가능성'이 있다는 견해를 받아들였습니다. 그래서 대다수가 공유하는 의견이라도 반박하고 다툴 수 있을 때에만 온전한 자유가 구현된다고 생각했습니다. 그런 조건이 확보되면, 인간은 "토론과 경험을 통해 자신의 실수를 교정할 수 있는 능력"으로 올바른 길을 찾아갈 수 있다고 믿었지요. 내면적 의식, 자기 의지, 그리고 결사라는 세 가지 자유의 영역 모두 사상의 자유와 토론의 자유를 통해 결합하고 풍부해집니다.

인간의 자기 발전과 정부

밀은 자유로운 토론을 전제로 표현의 자유를 적극적으로 옹호하는 자유주의 철학을 확립했습니다. 『대의 정부론』[1861]을 통해 공리주의 정치 철학을 크게 두 가지 방향에서 수정했는데요.

첫째, 밀은 정부의 목적이 개개인의 이기적 선호의 총합을 극대화하는 데에 있다는 공리주의 논리를 수정합니다. 밀은 좋은 정부의 기준으로 각자의 '인간성'humanity 계발과 증진을 제시하고, 개개인의 '윤택한 삶'well-being뿐만 아니라 공동체 구성원의 '덕성'virtue을 높이는 것이 정부의 목적이 되어야 한다고 주장합니다. 아버지 제임스 밀과 스승 벤담의 공리주의에 대한 비판이 공동체 구성원의 자기 계발과 인간성의 증진이라는 정부의 질적인 목적으로 이어진 것입니다.

둘째, 밀은 공리주의의 산술적 평등 논리를 수정합니다. 밀은 '대의제'를 가장 이상적인 정부 형태로 간주하지만 그것을 단순히 공동체 구성원의 총의를 모으는 수단으로 취급하지 않았지요. 동시에 비록 효과적으로 공공선을 구현할 수 있는 방법이라고 하더라도, '선한 독재'good despotism와 같이 대부분의 구성원들이 정치 과정으로부터 배제된 정치 체제는 바람직하지 않다고 보았습니다.

밀에게 대의제는 공동체의 구성원들이 '심의'와 '토론'에 참여함으로써 각자의 이기적인 선호를 넘어 공동체가 나아갈 바를 찾고, 개개인 또한 그 과정을 통해 자신의 인간성을 계발하고 고양해 나가는 제도입니다.

따라서 밀은 모든 사람의 선호까지 평등하게 여기지 않습니다. '계몽된 소수'의 의견을 청취할 제도가 필요하다고 보았지요. 같은 논리로 특정 계급이 아무리 다수를 확보했다고 하더라도 일방적으로 자신들의 의견을 관철하는 '계급 입법'class legislation'에 반대했습니다.

밀이 주창한 대의제는 '숙련된 민주주의'skilled democracy입니다. 모든 사람이 주권자로서 자기 발언권을 가지지만, 숙련된 전문가가 적재적소에서 기능함으로써 의사 결정 과정에 다수의 사악한 이해가 지배하는 것을 통제할 수 있는 민주주의가 그것입니다.

밀이 『정치 경제학의 원리』에서 자본주의의 발전된 형태의 하나로 '노동인들이 공동으로 소유하는 기업'을 제시한 대목도 흥미롭습니다.

밀이 살았던 19세기 노동인들의 상황은 긴 시간 노동과 어린이 노동이 상징하듯이 참혹했습니다. 당시 자본가들의 무분별한 이윤 추구 행태를 토론으로 바꿀 수 있었을까를 짚어 보면, 밀의 철학은 한계가 또렷했지요.

그럼에도 밀이 던진 메시지는 그가 지닌 인간관에 근거하고 있기에 울림이 큽니다. 밀은 "인간은 본성상 모형대로 찍어내고, 그것이 시키는 대로 따라 하는 기계가 아니다. 그보다는 생명을 불어넣어 주는 내면의 힘에 따라 사방으로 스스로 자라고 발전하려는 나무와 같은 존재"라고 강조합니다.

밀은 자유의 개별성을 부각하며 '개인의 자유'를 적극 옹호하면서도 '사회적 자유'를 외면하지 않았습니다. 사람들이 윤리적인 생활을 하고 봉사에 나서는 것은 궁극적으로 자기에게 이익이 되기 때문이라는 전통적 공리주의에도 동의하지 않았습니다.

사람은 다른 사람에게 좋은 일을 하고 싶고 그렇게 할 때 기쁨을 느끼는 '사회적 감정'을 타고났다고 보았지요. 문제는 자본주의 사회에서 인간이 "아침부터 밤늦게까지 개인의 이익만 좇는 사회 제도에 물들어 이기적으로 살아가는" 데 있습니다.

밀은 개인의 이익만 우선하는 사회가 바뀌고 적절한 교육이 구현된다면 인간이 이기심의 굴레에서 벗어날 수 있다고 믿었습니다. 밀은 "우리 삶에서 사람이 이를 수 있는 최선의 모습에 최대한 가깝게 서로를 끌어올리는 것 이상으로 더 중요하거나 더 좋은 것은 없다"고 보았고 그것을 궁극적 판단 기준으로 삼았지요.

개개인이 자신의 생각과 취향에 따라 자유롭게 살 수 있어야 개별성이 진정으로 발휘될 수 있고 그래야 참된 행복을 누릴 수 있다는 밀의 철학은 '다른 사람에게 피해를 주지 않으면서 자신이 하고 싶은 대로 하는 자유'의 사회적 정의로 뒷받침됩니다. 『대의 정부론』에서 밀은 '이상적인 정치 체제'를 '인간의 자기 발전에 도움이 되는 정부'로 규정했습니다.

프랑스 혁명으로 보편화한 개념인 자유와 그를 기반으로 한 정치 경제 체제를 밀이 깊이 연구해 나갈 때, 그 혁명의 철학적 기반을 놓았던 루소의 정신적 유산을 각각 독창적으로 이어 간 두 철학자가 있습니다. 마르크스와 니체입니다.

니체는 학문과 예술에 대한 루소의 회의와 비판을 이어 갔습니다. 루소의 사회 비판은 초기의 공상적 사회주의와 마르크스의 사상에도 영향을 끼쳤습니다. 사유재산을 토대로 한 상공인 사회에 대한 마르크스의 비판은 루소와 비슷한 생각과 감정에서 비롯했습니다. 마르크스의 전통을 이어받은 사회주의자들이라면 누구나 "재산 소유자는 공공 자산의 관리자에 지나지 않는다. 주권자는 스파르타에

서와 같이 모두의 재산을 합법적으로 관장할 수 있다"는 루소의 말
에 깊이 공감하겠지요.

존 스튜어트 밀의 '자유주의 가면'

밀은 『자유론』에서 아직 다른 사람들의 보호를 받아야 할 처지에 있는 사람들은 외부의 위험 못지않게 자신의 행동에 따른 결과로부터도 보호 받아야 마땅하기에 자유를 제한할 수 있다고 주장합니다.

미개 사회에 사는 사람들도 마찬가지로 생각합니다. 그런 사회에 사는 사람들은 아직 '미성년자'인 것으로 보아도 무방하기 때문이라고 사뭇 당당하게 밝혔습니다.

어떤가요? 밀은 인도인과 같은 '미개인'은 자유와 자치를 누릴 수 없다고 생각한 거죠. 밀의 주장을 그가 살았던 시대적 한계만으로 설명할 수 없습니다. 스승 벤담은 이미 폭력적인 식민지 지배를 지구적 분쟁과 인류 고통의 근본적 원인으로 비판했거든요. 벤담은 다른 민족을 억압하고 폭력을 일상적으로 자행하는 식민지 지배는 그 자체가 부도덕한 행위라고 지적했습니다.

밀은 동인도회사에 취직해 35년간 일한 사람답게 인도인은 미개하다고 보았습니다. 그래서 자립할 능력이 없는 인도인들은 식민지 지배를 받아야 한다고 보았지요.

그에게 영향을 끼친 존 로크도 인간이 자유를 누리려면 먼저 이성적이고 합리적이어야 한다고 주장했습니다. 같은 맥락에서 밀은 자유의 원칙을 적용할 대상에서 미성년과 미개인을 배제했습니다. 여기서 문제는 누가 미개인인지 결정할 권한을 지녔느냐는 점입니다.

밀은 "미개인들을 개화시킬 목적으로 그것을 실제로 달성하는 데 적합한 수단을 쓴다면" 식민지에서 독재는 정당한 통치 기술이 될 수 있다고 주장합니다. "미개인과 상호 작용하는 것은 불가능하다"는 극언도 서슴지 않습니다.

밀이 보여주듯이 자유주의는 자신과 다른 사회, 다른 문화의 가치를 인정하지 않습니다. 그들을 '미성숙' 상태로 낙인찍지요.

자유주의자들은 자신들이 미개인이라고 규정한 사람들을 문명화해야 한다는 '도덕적 의무감'마저 가집니다. 하지만 영국의 침략이 본격화하기 직전인 1700년대 초반의 인도는 섬유·해운·조선·철강 주요 산업 분야에서 영국을 능가했습니다.

영국은 인도에 각종 세금을 부과하며 무역을 규제했습니다. 심지어 숙련공의 손가락까지 잘라 인도의 제조업을 붕괴시켰지요. 약탈한 원자재로는 자국의 산업을 키웠습니다. 그 결과는 참혹했습니다. 세계 제조업에서 인도의 수출 비중은 18세기 초 27퍼센트였는데요. 20세기에 영국으로부터 독립할 무렵에는 2퍼센트 수준으로 줄어들었습니다. 인도는 근대적 경제 체제를 발전시킬 기회를 완벽히 빼앗긴 거죠.

그래서 영국에 의한 인도의 근대화 주장은 사실과 다릅니다. 오히려 영국의 산업 혁명이 번영을 구가하던 인도 제조업의 파괴 위에서 이루어진 것으로 보아야 현실에 가깝습니다.

물론 자유주의가 곧 제국주의는 아닙니다. 그러나 제국주의가 종종 자유주의라는 가면을 쓰는 것은 분명합니다. 밀은 영국이 인도를 통치하며 "인류가 이제까지 보아 왔던 것 중에서 가장 유익한 정책을 폈다"고 호언했습니다.

정약용의 물음
"민중을 위해 정치가 존재하는가?"

유럽에서 루소와 밀이 자유주의 사상을 전개할 때, 조선에서도 새로운 시대를 탐구한 철학자가 살았습니다. 실학을 집대성한 다산 정약용 1762~1836입니다.

전통적인 선비 집안에서 태어나 유학을 공부하던 다산이 국정에 참여한 것은 1789년, 유럽에서 프랑스 혁명이 일어난 해였습니다. 과거에 급제한 정약용과 이야기를 나눈 왕정조은 그의 총명함을 파악하고 중용합니다.

하지만 10년에 걸쳐 다산을 총애한 정조가 죽자 그를 시기했던 자들이 들고일어납니다. 다산이 서양의 기독교에 기울었다고 몰아세웠지요. 17세기부터 기독교 서적은 물론 과학과 기술에 관한 책들이 청나라를 거쳐 들어오기 시작했습니다.

다산은 종교보다 과학에 더 관심을 가졌지만, 결국 18년에 걸친 귀양살이를 합니다. 긴 유배 생활을 하는 동안 방대한 저술을 남겼는데요. 대표

저서로 『경세유표』, 『목민심서』, 『흠흠신서』가 꼽힙니다.

눈여겨볼 대목은 정약용이 「원목原牧, 벼슬아치」의 첫 문장에서 "백성을 위해서 목牧이 존재하는가, 백성이 목을 위해 태어났는가?"라고 던진 질문입니다. 정약용은 바로 이어 백성들은 곡식과 베를 내어 목을 섬기고, 수레와 말을 내고 온갖 고혈을 다 바쳐 목을 살찌게 한다며 "백성들이 목을 위해서 태어난 것인가?" 거듭 묻습니다.

민중을 위해 정치가 존재하는지 짚는 철학적 물음이지요. 정약용은 "태고 시절에는 백성들만이 있었을 뿐"이라며 작은 마을에 한 노인이 공평한 말을 잘하면서 그가 대표로 추대됐다고 설명했습니다. 이어 마을과 마을 사이에도 갈등을 해결할 현명한 사람을 전체 대표로 추대했고, 아래로부터 위로 올라가 마침내 왕에 이르렀다고 설명했지요.

그런데 후세에 들어 왕이 '관리'를 임명해 내려보냈습니다. 그 결과 백성이 정치를 위해 태어난 것처럼 되었다고 지적했지요.

다산의 삶과 사상에서 우리는 조선 왕조의 대표적 유학자가 독자적으로 민주주의 사상을 개척한 모습을 볼 수 있습니다. 다산은 중세 체제의 토대인 토지 제도에 대해서도 혁명적인 사상을 전개했지요. 여전제입니다. 여閭는 마을이란 뜻이므로 마을 단위의 토지 제도라는 뜻인데요. 다산에게 토지는 어느 개인이 아닌 사회적 소유입니다. 30가구를 1여로 하며 여민들은 공동으로 일합니다.

여민이 선출한 여장閭長은 생산 작업을 나누고 날마다 여민들 개개인의 노동량을 기록합니다. 공동 생산이지만, 분배는 가족 단위로 하는데 생산에 나선 가족 구성원의 노동량에 따라 이루어집니다. 사람들이 마을을 선택하게 해서 자유로운 이동을 8~9년간 허용하면, 이익을 얻고 손해를 피하려는 농민들의 합리적 행동으로 각 여의 경제력이 균등하게 된다고 보았습니다.

다산은 상공업 진흥론도 폈는데요. 다만 신분제를 철폐해 사회적 평등을 이루자는 주장까지 가지는 못했습니다.

다산의 철학이 현실로 구현되었다면 조선 왕조는 식민지로 전락하지 않았을 터입니다. 그의 철학적 물음과 개혁 구상은 선구적이었지만, 당시 조선 왕조의 지배 세력은 다산의 제안을 철저히 묵살했고 그 결과는 몰락이었지요.

Philosophy

8

Modern

노동의 발견과
혁명의 철학

"모두가 노동의 결과물이자 창조물이다"

그 사람들은 대부분 나지막하고 허름한 오두막 한 채에 평균 스무 명씩 기거하고 있었습니다. 방 두 개에 지하실과 다락방이 전부였지요. 화장실은 집 밖에 있어 공동으로 썼는데요. 주민 120명에 하나꼴이었지요.

어떤 일이 벌어질지 상상이 가나요? 줄을 서서 발을 동동 구르다가 도저히 참을 수 없을 땐 다른 방법이 없지요. 곳곳에 사람의 배

설물에 더해 집짐승들의 똥오줌이 질펀해 악취가 코를 찔렀습니다. 그 거리를 거주민 대다수가 맨발에 색 바랜 옷을 걸치고 오갔어요.

입에 풀칠하기도 어려운 사람들에게 가족의 품은 축복이 아니라 저주였습니다. 딸들은 열두 살만 되면 결혼해서 내보냈지요. 경제적 부담을 덜기 위함이었어요. 아들은 같은 이유로 여섯 살부터 거리로 내몰렸습니다. 야윈 몸에 파리한 얼굴은 하나같이 표정이 없었습니다. 병에 걸리거나 다치기 일쑤였기에 오히려 죽음을 자비롭게 여겼습니다. 장례식은 축하 행사였지요. 이 세상을 먼저 떠난 '행운아'를 기렸습니다.

여기까지 서술한 대목은 1840년대에 '선진국'으로 꼽힌 영국에서 노동인들이 살아가는 모습입니다. 당시 참상을 고발한 신문기사에 근거했는데요. 철학자 밀이 자유를 사색하던 바로 그 시기에 청년 엥겔스Friedrich Engels, 1820~1895는 민중이 살아가는 참상을 신문에 기고하고 책으로도 펴냈습니다.

엥겔스는 독일과 영국에서 방직 공장을 운영하던 기업가의 맏아들이었습니다. 그는 신문 기고문에서 "산업은 한 나라를 부유하게 만들어 주지만 재산이 없는 절대 빈곤 계급도 만들어 낸다. 이들은 하루 벌어 하루 사는 계급이다. 이들은 빠르게 늘어나 도저히 없애려야 없앨 수 없는 지경이 된다"고 썼습니다.

젊은 엥겔스의 날카로운 고발은 당시 철학 박사로서 언론인으로 활동하고 있던 마르크스Karl Marx, 1818~1883에게 영향을 끼칩니다. 마르

마르크스

크스는 이미 청년 헤겔학파에서 주목받던 철학자였습니다.

청년 헤겔학파의 한 철학자는 동료 마르크스를 '위대한 철학자'로 단언하면서 살아 있는 철학자 가운데 유일하게 진정한 철인이라고 소개했습니다. 진지한 사유와 신랄한 재치를 겸해 "루소, 볼테르, 하이네, 헤겔을 하나로 합쳐 놓은 인물"이라는 칭찬까지 서슴지 않았습니다.

언뜻 과한 평가처럼 보이지요. 그런데 그로부터 150여 년 뒤인 1999년에 영국 공영방송BBC이 새로운 세기를 맞으며 '지난 1000년 동안 인류에 가장 영향을 끼친 사상가'를 물은 설문 조사에서 단연 1위에 꼽힌 철학자가 마르크스였습니다.

청년 마르크스는 예나 대학에서 철학 박사 학위를 받았는데요. 당시 독일을 이끌던 프로이센 왕국은 비판적인 지식인들에 대해 일상

엥겔스

적으로 '사상 검증'을 벌이고 있었습니다. 결국 철학 박사 마르크스는 대학교수의 길이 막혔습니다.

대학 강단에 설 수 없던 마르크스가 선택한 직업은 신문 기자였습니다. 하지만 정부는 그가 몸담은 신문마저 폐간시켰지요. 눈여겨볼 것은 그 어려운 상황에서도 마르크스가 냉정을 잃지 않았다는 사실입니다. 엥겔스의 안내로 영국 노동인들의 참상을 현장에서 생생히 목격한 마르크스는 새로운 철학의 기초를 잡아 갔습니다.

당시 '최첨단 국가'인 영국의 산업 현장을 고발한 사람은 엥겔스만이 아니었습니다. 노동인들이 일하던 공장 내부를 상세하게 묘사한 보고서들이 적잖게 남아 있는데요.

공장주들은 출근 시간을 알리는 시계를 15분 앞당겨 놓았고, 관리 직원이 돌아다니며 '결근자' 이름을 적었습니다. 자리를 잠깐 비웠다고 월급을 깎고 임신한 여성이 잠시 앉아서 일했다는 이유로 벌금을 물렸지요.

그럼에도 당대의 경제학자들은 노동인의 참상을 외면하고 있었습니다. 엥겔스는 "국민 경제학, 곧 부의 축적에 관한 학문은 상공업자 사이의 질투와 탐욕에서 태어난 것으로 그 이마에 혐오스러운 이기심의 딱지가 붙어 있다"고 통렬히 비판했습니다.

실제로 19세기 유럽의 자본주의는 무한히 팽창하려는 야수로 변해 갔습니다. 영국을 비롯해 유럽의 모든 나라가 제국주의를 추구하며 경쟁적으로 식민지를 넓혀 갔습니다. 이른바 '문명화'를 내걸고 탐욕스럽게 식민지 민중을 착취했지요. 동아시아에선 자본주의를 재빨리 받아들인 일본이 이웃 나라인 조선을 대상으로 제국주의적 침략에 나섰습니다.

변호사의 아들로 태어나 귀족의 딸과 결혼한 마르크스는 엥겔스를 통해 상공인들이 주도한 근대 사회의 노동인 착취에 눈떴고, 엥겔스는 마르크스의 철학적 사유를 통해 인간과 역사의 본질을 통찰하게 됩니다. 두 사람의 철학적 우정은 그때부터 평생에 걸쳐 이어집니다.

마르크스는 헤겔처럼 '세계정신'이라는 관념의 영역에 머물지 않았습니다. 세계정신이 아니라 세계에 주목하고 변증법을 실제 인간의 삶에 적용했지요. 헤겔의 변증법을 통해 이 순간 마주하고 있는 현실, 우리가 살고 있는 현실에 모순이 실재하고 있다는 인식, 그 모순을 넘어 새로운 현실을 창조해 낼 수 있다는 전망을 열어 갔습니다.

마르크스는 헤겔은 물론이고 청년 헤겔학파조차 구체적인 삶과 동떨어진 철학에서 벗어나지 못했다고 비판했는데요. '인간이란 무엇인가'라는 오래된 철학적 물음을 구체적이고 역사적으로 탐색했습니다.

인간은 자연과 하나가 된 채 살다 가는 동물과 달리, 자유롭고 의식적인 존재라고 보았습니다. 바로 그 자유롭고 의식적인 활동을 '노동'으로 개념화했지요. 마르크스에게 인간이란 노동으로 자기를 실현하는 사회적 존재입니다.

노동에 대한 마르크스의 철학적 탐구는 개개인의 삶과 사회의 기반이 되는 모든 것은 사람들이 노동하는 수고로 생산된다는 당연한 사실, 하지만 지금까지 외면받아 온 진실을 확연히 드러내 주었습니다.

기나긴 철학사에서 처음으로 일하는 사람들, 억압과 고통을 받으면서도 한 사회의 생산을 도맡아 온 사람들 쪽에 서서 철학을 전개한 철학자가 마르크스입니다.

고대 노예와 중세 농노를 비롯해 사회 전체를 먹여 살려 온 민중에 대해 거의 모든 철학자들은 모르쇠를 놓았습니다. 고대 철학자들은 노예들의 고통을, 중세 철학자들은 농노들의 빈곤을 외면했지요. 마르크스는 그러면서도 '현인'을 자처하거나 휴머니즘과 사랑을 주창한 철학자들과 신학자들을 비판했습니다.

마르크스는 철학을 알 기회조차 갖지 못한 채 평생을 생존의 굴레 속에 살아가야 했던 절대다수의 인류를 처음 철학으로 끌어들였을 뿐만 아니라 그들에게 역사의 주체 자리를 마련해 주었습니다. 정치권력과 경제력을 지닌 사람들의 주변을 맴돌며 사유해 온 그때까지의 철학사에 새로운 지평을 열었지요.

우리 개개인이 먹고 입고 머무는 기초 생활과 일상의 생필품에서부터 예술 작품에 이르기까지 모두가 노동의 결과물이자 창조물입니다. 인간의 내면에 떠오른 구상들을 현실화한 거죠. 아무리 창조적인 생각도 그것을 밖으로 드러내는 노동이 없다면 현실이 되기 어렵습니다. 누구도 부정할 수 없는 그 명료한 진실을 마르크스가 철학적 사유로 담아냈습니다.

인간의 일상적인 노동에 철학적 의미를 새롭게 부여한 철학자 마르크스는 유복한 집안에서 태어났습니다. 마르크스의 10대 시절 학교 성적은 좋지 않았습니다. 중간 정도였지요.

10대 청소년 마르크스는 암기식 학교 공부보다 독서에 몰입했습니다. 당시에는 고등학교를 졸업할 때 논술문을 썼는데요. 중소 도시 트리어에서 열일곱 살 때 '직업 선택에 관한 한 젊은이의 짧은 고찰'이라는 제목으로 쓴 논술문은 훗날 세기적 철학자로 성장할 싹을 보여줍니다.

"자연은 동물이 활동할 수 있는 범위를 결정한다. 동물은 그 범위를 뛰어넘으려는 시도조차 없이 그 안에서 움직이며 그 밖에 있는 다른 것을 눈치 채지 못한다.

신은 인간에게 자신과 인류를 고귀하게 하라는 목적을 주었다. 그러나 그 목적을 이룰 방법은 인간에게 남겼다. 신은 사람이 자신과 사회를 최고로 고양할 수 있도록, 사회 속에서 자신에게 알맞은 일을 선택할 수 있게 했다. 그 선택은 다른 동물에게는 없는 인간의 큰 특권이다. 그러나 동시에 그것은 인간의 삶을 파괴할 수 있고, 모든 계획을 좌절시킬 수 있으며, 불행하게 만들 수 있다. 직업 선택에 대한 심사숙고는 중요한 것을 우연으로 남겨 두길 바라지 않는 젊은 이의 첫 번째 의무다. 노예 같은 도구로 일하기보다 자기 영역에서 독립하고 인류에 봉사할 수 있는 분야를 가져야 한다.

그러나 우리가 언제나 타고난 천성에 맞는 직업을 선택할 수 있는 것은 아니다. 우리를 둘러싼 사회의 여러 관계가 개개인의 결정 이전에 이미 존재하며 선택을 좌우한다.

직업 선택에서 우리를 이끄는 주요 안내자는 인류의 행복과 자기 완성이다. 이 두 가지가 대립한다고 생각해서는 안 된다. 인간의 본성상 인간은 다른 사람에게 헌신할 때 가장 높은 완성의 경지에 이르기 때문이다.

자기 자신만을 위해 일하는 사람은 유명한 학자나 현자, 빼어난 문인은 될 수 있을지 모르지만 온전한 인간, 진정으로 위대한 인간은 될 수 없다. 역사는 인류의 복지에 기여함으로써 이름을 얻은 사람에게만 찬사를 보낸다.

우리가 인류에 가장 헌신적으로 기여할 수 있는 직업을 선택한다면, 그 어떤 무거운 짐도 우리를 굴복시킬 수 없을 것이다. 그 짐이란 인류를 위한 희생에 지나지 않기 때문이다. 그렇게 되면 우리는 사소하고 한정적이며 이기적인 기쁨을 누리지 않을 것이다. 그때 행복은 우리만의 것이 아니라 수많은 사람들의 것이 된다. 우리가 한 일은 조용히 그러나 영원히 살아 전해질 것이고, 우리를 태운 한 줌의 재는 고귀한 인간들의 반짝이는 눈물로 적셔질 것이다.”

어떤가요? 10대 다운 감수성이 반짝이는 글이지요. 오늘날의 10대 청소년들이 앞으로 어떤 직업을 선택할지 고심할 때 진지하게 짚어 볼 만합니다.

마르크스와 엥겔스의 선언

영국에서 참담하게 살아가는 노동인들을 목격한 마르크스는 모든 사람이 인간답게 살아갈 수 있는 세상을 어떻게 이룰 수 있을지를 탐구해 갔습니다. 새롭게 발견한 노동의 철학적 의미를 바탕으로 그들이 살아가던 사회를 분석하고 나아갈 길을 연구한 뒤 작은 책자를 발간했는데요. 1848년 짙은 초록색 표지의 『공산당 선언』이 선보입니다.

처음 출간될 때는 저자 이름도 밝히지 않은 채 800부만 인쇄했습니다. 하지만 곧 세계사를 뒤흔들게 됩니다. 마르크스는 엥겔스와 공동으로 쓴 이 책에서 인류의 역사를 간명하게 정리했습니다.

"지금까지 존재한 모든 사회의 역사는 계급 투쟁의 역사다. 자유민과 노예, 귀족과 평민, 영주와 농노, 길드 장인과 직인, 한마디로 억압자와 피억압자는 언제나 서로 대립하면서 때로는 은밀하고 때로는 공공연한 싸움을 벌였다. 그 각각의 싸움은 그때마다 사회의 혁명적 재편 또는 경쟁하는 계급들의 공동 파멸로 끝났다."

아마도 한국의 10대들이라면 대다수가 '계급'이나 '계급 투쟁'이라는 말을 낯설게 여기리라 짐작됩니다. 중고등학교 교실에서 이야기하기 어려운 말이기도 하지요. 하지만 철학을 공부하는 10대라면 왜 그럴까라는 물음을 던져야 합니다.

마르크스의 철학에서 '계급'은 중요한 개념입니다. 참고로 우리 국어사전은 '계급'을 "사회적으로 동일한 조건이나 비슷한 수준 아래 놓여 공통된 이해관계와 행동 방식을 지니는 집단"으로 풀이하고 있지요.

사실 '계급'은 일상생활에서 자연스럽게 써온 말이기도 합니다. 조선 왕조 시대에 양반들을 '양반 계급'이라고 말하는 것은 전혀 어색하지 않습니다.

'계급 투쟁'이란 말도 국어사전에 수록되어 있는데요. "서로 이해관계가 다른 계급 사이에 정치, 경제, 문화적인 권리와 특권, 기회를 얻기 위해 벌어지는 투쟁"으로 풀이했습니다. "중세의 귀족과 농노, 근대의 부르주아 계급과 프롤레타리아 계급 사이의 투쟁 등을 들 수 있다"고 덧붙여 설명합니다.

국어사전 의미와 마르크스의 철학적 규명이 다르지 않습니다. 마르크스가 '지금까지의 모든 역사'를 '계급 투쟁의 역사'라고 한 이유를 차분히 짚어 보죠.

인류의 고대 사회에는 분명히 노예들이 있었습니다. 노예를 소유한 사람들과 노예의 인생이 같았을까요? 중세 사회에선 토지를 소유한 귀족과 그렇지 못한 다수의 사람들이 살았지요. 조선 왕조를 설명할 때 흔히 말하는 양반 계급이 토지를 소유한 시주들이고 유럽식으로 표현하면 '귀족'들이지요.

이 책을 읽는 10대들이 만일 그 당시에 노예였다면 어떻게 살았을까 상상해 보세요. 평생 노예로 고분고분 순종하며 살았을까요, 아니면 모든 사람은 평등하게 태어났다며 자신의 억울한 신분을 호소하며 저항했을까요. 그 저항을 마르크스는 '투쟁'이라고 표현한 거죠. 줄기찬 투쟁을 통해 오늘날에는 노예 제도가 없는 건 아닌지도 헤아려 볼 필요가 있겠지요.

그럼 역사에서 철학의 과제는 무엇일까요? 마르크스의 유명한 명제가 나옵니다.

"지금까지 철학자들은 다양한 방식으로 세상을 해석해 왔다. 중요한 건 세상을 변화시키는 것이다."

도도히 흘러온 철학사의 물줄기를 바꾸겠다는 젊은 철학자의 의지가 묻어나지요. 고대부터 당대에 이르기까지 신분제에 침묵한 철학자들과는 확연히 다르게 민중의 고통을 철학에 담아 갔습니다.

마르크스는 고대 노예제, 중세 농노제에 이어 근대 자본제 사회에 들어서서도 인류는 계급 적대를 없애지 못했다고 보았습니다. 자본주의 사회는 상공인들, 곧 자본 계급과 노동 계급으로 나눠졌다고 분석합니다. 이를 부르주아지와 프롤레타리아트라 부르기도 하는데요.

'부르주아지'는 중세 시대 '부르그성'에 살던 사람들, 곧 상공업자들을 뜻합니다. 농민들은 성 밖에서 농사를 지으며 살았지요. 국어사전은 '자본 계급'을 "자본주의 사회에서, 생산 수단을 소유하고 노동인을 고용하여 사업을 해서 이윤을 얻는 계급"으로 풀이합니다. '노동 계급'의 국어사전적 뜻은 "자본주의 사회에서, 자본가에게 고용되어 임금을 받고 일하는 사람들로 이루어진 계급"이지요.

흔히 『공산당 선언』을 읽어보지도 않고 마르크스와 엥겔스가 상공인들을 일방적으로 매도했다고 오해하는데요. 비록 초판은 800부였지만 출간되고 50년도 안 되어 세계사적 고전으로 평가받은 책으로, 상공인들의 역사적 위상을 정확하게 짚고 있습니다. 오히려 상공인들, 그러니까 자본 계급의 역사적 성취를 이처럼 예찬한 글도 찾아보기 어렵습니다.

"자본 계급은 100년 남짓 자신이 지배하는 기간에 그 이전 모든 세대가 이루어 낸 것을 모두 합친 것보다 더 엄청난 생산력을 창출했다. 인간에 대한 자연력의 복속, 기계, 공업과 농업에서 화학의 응용, 기선, 철도, 전기 통신, 경작을 위한 모든 토지의 개간, 운하 건설, 땅에서 솟아난 듯 거대한 인구, 이전 세기에 그 거대한 생산력이 사회적 노동의 품속에 잠자고 있으리라고 예감이나마 할 수 있었는가?"

마르크스는 중세 시대의 모든 계급을 뒷전으로 밀어낸 긴 발전 과정의 산물이 상공인들이라고 규정했습니다.

"상공업자들은 자신의 생산물을 팔 수 있는 시장을 끊임없이 확장해야 하므로 지구상의 모든 골골샅샅을 누벼야 한다. 가는 곳마다 둥지 틀고 자리 잡으며 연고를 맺어야 한다. 자본 계급이 세계 시장을 착취하면서 각 나라의 생산과 소비도 범세계적인 성격을 갖게 되었다. 복고주의자들에게는 대단히 유감이겠으나 자본 계급은 산업이 딛고 서 있는 일국적 기반을 발밑부터 빼앗았다. 기존에 확립된 모든 일국적 산업들은 이미 파괴되었거나 나날이 파괴되어 가고 있다. 모든 문명 민족이 목숨 걸고 도입하려는 새로운 산업, 이제 더는 토착 원료 자원을 가공하지 않고 먼 곳에서 온 원료 자원을 가공하면서도 그 생산물은 국내만이 아니라 지구상의 모든 구석구석에서 소비되는 새 산업이 낡은 산업들을 몰아내고 있다. 한마디로 상공업자들은 자기 자신의 모습 그대로 세계를 창조한 것이다."

근대 사회에서 상공업자들이 이룬 성과를 근거로 그들이 "대단히 혁명적인 역할을 담당했다"고 정당하게 평가했습니다. 자본 계급이 지배를 확립한 모든 곳에서 토지에 기반을 둔 신분제 질서를 종식시킨 것은 그들의 역사적 업적이지요.

그런데 마르크스와 엥겔스에게 역사 발전은 멈추지 않습니다. 사람을 신분 제도에 묶어 놓은 끈을 가차 없이 끊어 버린 시민 혁명을 정당하게 평가하면서도 그 안에 담긴 모순을 주시했지요.

노동인의 단결로 새로운 세상을 열다

두 철학자는 자본 계급이 모든 인간관계를 적나라한 이기심, 냉혹한 '현금 지불 관계'로 만들어 놓았다고 지적합니다. 인간의 거룩한 종교적 정열, 기사도적 열정, 세속적 감상주의의 기쁨까지 모두 "자기중심적 타산이라는 얼음같이 차디찬 물속에 빠뜨려" 버린 것이 상공인들이라는 거죠. 그래서 더 나은 역사를 위해 자본 계급을 비판합니다.

"자본은 개인의 존엄성을 교환 가치로 녹여 버렸다. 결코 무효화될 수 없이 공인된 수많은 자유 대신, 오직 '자유 무역'이라는 파렴치한 자유만 세워 놓았다. 상공업자들은 지금까지 존경과 경건한 경외심으로 받들어졌던 모든 직업의 후광을 걷어냈다. 의사, 법률가, 성직자, 시인, 과학자를 자신이 보수를 주는 임금 노동자로 전환해 버렸다. 자본계급은 가족으로부터 그 감정의 장막을 찢어 내고 가족 관계조차 단순한 돈의 관계로 만들었다.

자본 계급은 이집트 피라미드나 로마의 수로, 고딕 성당을 훨씬 능가하는 기적을 이룩했다. 이전의 모든 민족 대이동이나 십자군 따위와 견주지도 못할 원정을 감행한 것이다. 자본 계급은 끊임없이 생산 도구를 혁명적으로 개조하고, 그럼으로써 생산 관계를 개조하며, 또 그와 더불어 사회관계 전체를 변화시키지 않으면 존재할 수 없다. 끊임없는 생산의 혁명적 발전, 모든 사회적 조건들의 부단한 교란, 끝 모를 불안과 동요는 자본 계급 시대와 이전의 모든 시대를 구분 짓는 특징이다."

근대 사회에서 상공인들이 역사적으로 성취한 '업적'에 대한 응당한 칭찬과 정당한 비판까지 모두 담은 명문입니다. 실제로 자본주의 체제에서 "모든 고정되고 꽁꽁 얼어붙은 관계들, 이와 더불어 고색창연한 편견과 견해들은 사라지고, 새로이 형성된 모든 것들은 골격을 갖추기도 전에 낡은 것이 되었"지요. 끝없이 성능과 디자인이 바뀌는 상품들이 그런 사례의 하나입니다.

그런데 자본주의 발전으로 모든 것이 돈으로 귀결되는 모습 앞에서 사람들은 서서히 이성을 되찾고 자신의 실제 생활 조건과 인류의 미래를 성찰하지 않을 수 없게 되었습니다. 모든 상공인들이 더 많은 돈을 벌려고 앞다투어 생산하다 보니 과잉 생산과 공황이 주기적으로 불거질 수밖에 없었고, 그때마다 수많은 사람들이 고통을 겨게 되었거든요. 자본주의 산업이 한 나라를 부유하게 만들어 주지만 재산이 없는 절대 빈곤 계급도 만들어 낸다는 거죠.

마르크스는 무엇보다 자본주의 사회에서 인간의 노동이 자신의 본질을 잃고 그로 인해 노동인들의 삶이 비인간적인 상태에 놓이는 것을 큰 문제라고 보았습니다. 그것을 '노동의 소외'라고 개념화했지요.

마르크스는 사람들이 "노동 속에서 자신을 긍정하는 것이 아니라 부정하며, 행복을 느끼는 것이 아니라 불행을 느끼며, 자유로운 육체적·정신적 에너지를 발휘하는 것이 아니라 고행으로 그의 육체를 쇠약하게 만들고, 그의 정신을 파멸시킨다"고 진단했습니다. 인간을 다른 동물과 구별하는 노동이 단순히 생존을 위한 수단이 됨으로써 인간이 자신의 본질을 잃어버리는 현상이 안타까웠던 거죠.

마르크스는 새로운 사회를 탐색했습니다. 상공인들의 정치 경제적 성공에 비례해 노동인들의 정치의식도 성장한다는 사실에 주목했지요. 상공인들은 '국민 경제의 성장'을 부르대며 자신들의 재산을 불려 갔습니다. 노동인들은 경쟁으로 내몰려 모래알처럼 흩어져 있었지요. 하지만 노동인들은 단결을 통해 혁명적 결합을 이룰 수도 있다고 보았습니다.

마르크스에게 노동인의 단결은 자신의 이익을 위한 운동인 동시에 사회를 구성하는 절대다수의 자기 의식적이고 자주적인 운동입니다. 객관적으로 보면 노동인은 자본 계급, 자본이 주도하는 국가의 '노예'이지만, 노동 계급이 현실을 주체적으로 인식하고 단결한다면 얼마든지 새로운 사회가 가능하다는 거죠.

그래서 마르크스와 엥겔스는 상공인들, 곧 자본 계급은 자신의 무덤을 파는 자들이라며 자본 계급의 몰락과 노동 계급의 승리는 불가피하다고 주장했습니다.

물론, 거기에 전제는 있지요. 노동인들이 하나의 계급으로 단결해야 가능합니다. 실제로 『공산당 선언』을 쓸 때 대다수 노동인은 '모래알'이었고 서로 경쟁하느라 지리멸렬한 대중에 지나지 않았어요.

상공업자들이 부추긴 경쟁으로 노동인들은 하나의 계급으로 뭉치지 못했고, 정치권력을 장악할 정당을 만들지도 못했습니다. 바로 그렇기에 마르크스와 엥겔스가 공동으로 책을 펴내며 노동인들의 단결을 호소한 것입니다.

그러자 마르크스를 감정적이고 자극적으로 매도하는 사람들이 생겨났습니다. 요즘 말로 표현하자면 '빨갱이 사냥'입니다. 그 사냥의 '원조'인 셈이지요.

마르크스는 자신이 태어난 독일에서 망명했고 프랑스에서도 추방당했습니다. 가까스로 영국에 징착해 평생에 걸쳐 기존의 사회, 정치적 질서를 비판해 갔습니다.

『공산당 선언』의 마지막 문장은 힘찬 호소로 수많은 사람들에게 영감을 주었습니다. "잃을 것은 쇠사슬밖에 없으며 얻을 것은 온 세상이다. 모든 나라의 노동인들이여, 단결하라!"

적잖은 사람들이 '공산당'이란 말에 선입견이 있습니다. 스탈린을 떠올리기 때문이지요. 하지만 철학자 마르크스에게 '공산주의' 개념은 "현재 상태를 바꿔가는 현실적 운동"이었습니다.

마르크스와 엥겔스는 "오늘날 민주주의는 공산주의"라며 민주주의는 노동인들의 원칙, 민중의 원칙이라고 주장했습니다. 민주주의가 궁극적으로 노동인의 정치적 지배로, 나아가 사람이 다른 사람을 착취하지 않는 세상으로 귀결된다고 판단했지요. 마르크스와 엥겔스에게 공산주의라는 말은 더 많은 민주주의, 민중의 자기 통치 개념과 가깝습니다.

1883년 마르크스가 런던의 서재에서 눈을 감았을 때 평생의 동지였던 엥겔스는 장례식에서 다음과 같이 그를 기렸습니다.

"무엇보다 그는 위대한 혁명가였다. 증오의 대상이 되어 극단적인 비방과 모략에 시달렸던 그는 이제 수백만 노동인들의 사랑과 존경, 애도 속에 눈을 감았다."

마르크스와 엥겔스는 민주주의가 발전한 나라에서 노동인들의 투표권 쟁취 투쟁은 혁명적 의미가 크다고 보았습니다. 이미 1890년대에 들어 유럽 여러 나라에서 노동인이 단결하고 정당을 결성해 국회에도 들어갔지요. 그 과정에서 마르크스의 지적 성취와 열정적 실천이 큰 무기가 되었습니다.

마르크스가 사람의 '노동'에 창조적인 철학적 의미를 부여하며 그 노동을 소외시키고 착취하는 '자본'에 대해 평생 연구하며 비판한 까닭은 인류 개개인의 자기완성을 높이는 데 있었습니다. 2020년대를 앞둔 지금 미국 대학가에 마르크스를 공부하는 학생들이 부쩍 늘어나고 젊은 세대들 다수가 자본주의에 비판적이라는 미국 언론 보도는 그의 철학이 지닌 생명력을 새삼 실감케 합니다.

레닌의 스탈린 비판

　흔히 혁명가로만 알려진 레닌^{Vladimir Il'ich Lenin 1870~1924}은 철학 저서 『유물론과 경험 비판론』 집필을 비롯해 마르크스 사상사에 큰 영향을 끼친 철학자이기도 했습니다.

　러시아 제국의 중소 도시에서 장학사의 아들로 태어난 레닌은 17세 때 형이 황제의 통치에 반대하는 운동에 나섰다가 처형당하면서 혁명의 길로 결연히 들어섭니다. 시베리아로 유배되는 고통을 겪으며 1917년 마침내 '인류 역사상 최초의 노동 계급 혁명'을 이룹니다.

레닌

　혁명 정부는 전쟁을 '인류에 대한 최대의 범죄'로 비판하며 당시 러시아 제국이 참전하고 있던 1차 세계 대전에 반대했고 지주 계급이 대대로 소유해 온 모든 토지를 몰수해 소작 농민들에게 분배했습니다.

　그러자 노동 계급의 국가 출현에 위협을 느낀 서유럽 국가들과 일본 제국주의자들이 러시아를 침략했습니다. 레닌의 러시아 혁명 정부는 2

년에 걸친 싸움 끝에 그들을 격퇴했지요. 이겼지만 외세와 결합된 내전은 혁명 정부에 어두운 그림자를 드리웠습니다. 가장 의식 수준이 높았던 노동인들이 대거 전사했거든요. 그로 인해 레닌의 의도와 달리 공산당은 민중 위에 관료적 권력으로 자리 잡아 갔지요.

레닌은 거대한 관료 지배 체제가 뿌리내리고 있는 현실을 뒤늦게 깨달았습니다. 하지만 혁명 과정에서 과로에 이어 뇌동맥 경화증으로 쓰러졌기에 병상에 누워 있을 수밖에 없었지요. 1922년 봄 레닌은 그가 참석한 마지막 당 대회에서 "우리 당이 저 거대한 관료 기구, 저 커다란 괴물을 붙잡고 있다면, 우리는 누가 누구를 지도하고 있는지 물어야 한다. 나는 공산주의자들이 저 괴물을 지도하고 있다는 것이 진실인지 대단히 의심스럽다. 솔직히 말하자면 그들은 지도하고 있는 것이 아니라 지도받고 있는 것"이라고 경고했지요.

만년의 레닌은 그 '괴물'과 싸웠습니다. 당의 동지들에게 편지를 보내 병석의 레닌을 대신해 힘을 키워 가고 있던 스탈린을 해임하라고 요구했습니다. 하지만 그 편지를 스탈린이 가로챘습니다.

만일 레닌이 과로로 54세에 운명하지 않고 스탈린처럼 75세까지 살았다면, 그래서 레닌이 1945년까지 소비에트 사회주의 공화국 연방소련을 지도했다면, 세계사는 사뭇 달라졌을 터입니다. 혁명으로 이룬 국가가 괴물이 되어 간다는 사실을 직시한 레닌이 우려했듯이 소련은 20세기가 끝나기 전에 붕괴되고 말았습니다.

레닌이 '자본주의 사회의 민주주의'를 통렬하게 질타한 대목은 지금도 음미해 볼 만합니다. 레닌은 자본주의 사회에서 민주주의는 결과적으로 언제나 소수를 위한, 곧 유산 계급과 부자들만을 위한 민주주의에 머문다고 보았습니다. 고대 그리스의 민주주의가 단지 노예주들의 자유였듯이 자본주의 사회의 민주주의도 마찬가지라는 거죠.

레닌은 자본주의적 착취 아래 근대의 임금 노예들은 기아와 빈곤으로 압살당하고 있기 때문에 생활 속에서 민주주의나 정치를 피곤하게 여긴다고 판단했습니다. 일상적으로 대다수 민중이 정치적 참여를 배제당하고 있는 이유입니다.

레닌의 비판은 19세기 말 러시아 상황을 분석한 것이지만, 사람들이 저마다 경제생활에 쫓겨 민주주의나 정치를 멀리한다는 탁견은 21세기를 살아가는 오늘날에도 의미 있는 통찰이지요. 레닌에게 민주주의는 두 가지였습니다. 자본주의 사회의 민주주의는 '부자들만을 위한 민주주의'입니다. 그 민주주의로부터 '국민의 대다수인 민중을 위한 민주주의'로의 이행, 레닌에게 그것은 인간의 참다운 해방을 위해 반드시 이루고 싶은 과제였습니다. 물론, 그가 죽은 뒤 소련은 레닌의 꿈과 달리 스탈린 체제라는 독재의 길로 걸어갔습니다. '국민의 대다수인 민중을 위한 민주주의'는 새로운 철학적 모색이 필요한 인류의 숙제로 남아 있습니다.

철학자 그람시의 '헤게모니'

152센티미터의 키, 구부러진 등뼈, 커다란 머리. 어렸을 때부터 '곱사등이'로 놀림을 당하던 철학자를 법정에 세운 검사는 "우리는 이 자의 두뇌가 작동하는 것을 20년 동안 중지시켜 놓아야 한다"고 주장했습니다.

그의 이름은 안토니오 그람시Antonio Gramsci, 1891~1937. 이탈리아의 철학자이자 정치인이었지요. 그람시가 풀고자 한 철학적 물음은 간명했습니다.

"가난한 노동인과 농민들이 왜 자본 계급을 지지하는가?"

무릇 동서고금에 걸쳐 모든 권력은 자신에게 위협이 되는 물음을 던지는 사람을 가만히 두지 않습니다. 유럽 철학의 아버지 소크라테스가 바로 생생한 증거이지요.

감옥에 갇힌 그람시도 폐결핵 병세가 깊어 갔지만 권력은 외면했

그람시

습니다. 비난을 모면하려고 뒤늦게 내보냈지만 출옥한 지 사흘 만에 숨을 거뒀습니다.

그람시를 사실상 살해한 독재자 무솔리니는 채 10년도 안 되어 민중의 손에 처참하게 죽었지만, 그람시의 '두뇌'는 21세기인 지금도 생생하게 작

동하고 있습니다.

마르크스 사상의 영향을 받은 철학자 그람시는 역사를 필연이나 숙명이 아니라 사람들이 스스로 창조해 가는 과정으로 보았습니다. 러시아 혁명을 관찰한 그람시는 "봉기를 통해 공산주의자라고 자임하는 사람들의 수중에 권력이 장악된다고 해서 그 자체로 그것이 프롤레타리아적이고 공산주의적인 것은 아니다"라고 주장했습니다. 혁명이 '메시아'에 의존함으로써 노동인들 스스로 주체적 실천과 조직 역량을 키워 가지 못한다면, 오래 지속되지 못하고 파괴될 것이라는 경고였지요. 그람시가 노동인과 농민의 연대를 강조하며 독재 권력과 맞서던 1926년, 무솔리니는 자신에 대한 '암살 음모'가 드러났다고 발표한 뒤 대대적 검거에 나섰고 그람시도 체포됐지요.

무솔리니의 법정에서 20년 4개월 실형을 선고받은 그람시는 감옥에서 독서에 몰입하며 글을 써 갔어요. 2848쪽에 이르는 필사본이 『옥중 수고 Prison Notebooks』로 출간되면서 유럽 민주주의 발전에 큰 영향을 끼쳤지요.

가난한 노동인과 농민들이 왜 자본 계급을 지지하는지, 선진 자본주의 국가에서는 왜 혁명이 일어나지 않는지에 옥중의 그람시가 대답으로 내놓은 개념이 바로 '헤게모니hegemony'입니다. 그때까지 단순히 '정치적 지배'라는 뜻으로 사용된 말인데요. 그람시는 피지배 계급인 민중이 지배 계급에 자발적으로 동의하도록 만드는 '문화적·도덕적, 이데올로기적 지도력'을 '헤게모니'로 규정했습니다.

헤게모니는 민중으로 하여금 지배 계급 이데올로기를 자연스럽고 보편적인 상식으로, 심지어 자기들의 이익을 위해 바람직한 것으로 받아들이게 합니다. 그 결과 민중은 자발적으로 체제에 순종할 뿐만 아니라, 지배 계급과 그들의 논리를 비판하고 반대하는 세력을 오히려 혐오하게 됩니다.

그람시는 인간에 대한 희망을 잃지 않았습니다. 그람시에게 사람은 모두 철학자로서 가능성을 지닌 존재였거든요. 인간은 어떤 형태로든지 지적 활동을 할 뿐만 아니라 철학자로 보아야 할 의식적 존재라고 그람시는 강조합니다.

Philosophy

9

Modern

죽음과 삶의 예술적 창조

현대 철학을 연 사상가 니체

인생은 누구에게나 단 한 번입니다. 죽음은 필연이지요. 삶을 어떻게 살아야 하는가의 문제는 10대라면 당연히 던져야 할 물음입니다. 딱히 10대가 아니어도 살다 보면 언젠가 자연스럽게 터져 나오게 마련이지요.

죽음이라는 오래된 물음에 낙타와 사자, 아이로 답한 철학자가 있습니다. 철학사에서 '망치를 든 철학자'로 불리는 프리드리히 니체

니체

Friedrich Wilhelm Nietzsche, 1844~1900 입니다.

엄밀한 사회학자로 정평이 난 막스 베버는 "오늘날 학자, 특히 철학자의 정직성을 측정하려면 마르크스와 니체에 대한 그의 태도를 보면 된다"면서 "니체와 마르크스가 없었다면 자신의 저술이 상당 부분 완성되지 못했을 것이라고 인정하지 않는 자들은 그저 자신과 타인을 속이고 있을 뿐이다. 우리가 살고 있는 세계란 정신적으로나 지성적으로나 사실상 마르크스와 니체가 만든 세계"라고 단언했습니다.

실제로 20세기 철학사뿐만 아니라 지성사를 지배한 두 철학자를 꼽는다면 아무래도 마르크스와 니체일 수밖에 없습니다. 노벨 문학상 작가 알베르 카뮈도 "지성사에서 마르크스를 제외하고는 니체의 지적 모험과 비교될 대상이 없다"고 말했지요.

니체는 대표작 『차라투스트라는 이렇게 말했다』에서 "어떻게 정신은 낙타가 되고 낙타는 사자가 되며 사자는 마침내 아이가 되는지, 나는 정신의 세 단계 변화를 그대들에게 말하고자 한다"며 은유법으로 인생을 살아가는 철학을 전개합니다.

첫 단계인 '낙타'는 순종을 상징합니다. 동물원이나 여행에서 낙타의 눈을 보았나요? 한없이 유순해 보입니다. 저는 실크로드 여행 중에 사막에서 낙타를 탔는데요. 낙타 등에 오를 때부터 마음이 아팠습니다.

낙타는 짐을 지고자 기꺼이 무릎을 꿇지요. 엄청난 무게의 짐도 마다하지 않습니다. 그 무거운 짐을 들고 해가 쨍쨍 내리쬐는 사막을 묵묵히 건너갑니다.

니체는 '낙타의 정신'은 "마땅히 해야만 한다"는 명령에 순종하는 노예 정신일 뿐이라고 말합니다. 아무런 성찰도 없고 오직 다른 사람의 명령이나 전통, 기존 질서를 따르며 인생을 살아가지요.

낙타의 다음 단계는 '사자'입니다. 낙타로 살아가는 사람은 불만을 늘어놓거나 내놓고 대들지는 않습니다. 하지만 마음속 깊이 '원한르상티망'이 차곡차곡 쌓입니다. 무조건 순종을 요구하는 권위에 이의를 제기하고 싶어집니다. 순종하라고 다그치는 자들의 정당성에 의심을 지울 길도 없습니다. 이윽고 자신의 운명을 스스로 결정하려 나설 때, 낙타는 사자가 됩니다.

사자의 정신은 "나는 하고자 한다"입니다. 지금까지 순종해 온 주인에 맞섭니다. 전통으로 내려오는 가치나 기존 질서를 부정하고 자유를 쟁취하지요. 자신의 의지대로 자유롭게 살아가려고 힘차게 나아갑니다.

그런데 자유를 쟁취한 사자는 어디로 갈까요. 니체는 사자가 쟁취한 자유는 진정한 자유가 아니라고 보았습니다. 전통 가치나 기존 질서의 구속에서 벗어났다는 의미에 머문다는 거죠. 거기서 더 나아가 새로운 가치를 창조하지 못하면 자칫 허무감에 사로잡힐 수 있습니다.

'정신의 변화'는 인생의 다음 단계로 이어지는데요. 니체는 마지막 단계의 삶을 '아이'로 은유합니다.

"아이는 순결이요, 망각이며 새 출발이고 놀이이며 스스로 돌아가는 바퀴요, 최초의 운동이며 신성한 긍정이다."

아이는 과거나 세상에 구속도 원한도 없습니다. '지금 여기'의 삶을 긍정하며 자신의 세계와 새로운 가치를 창조하는 '아이'는 진정한 자유정신입니다.

니체가 인생을 살아가는 자세로 세 동물을 은유로 든 이유는 동시대를 살아가는 사람들의 삶을 안타까워했기 때문입니다. 그는 현대인을 '종말인'으로 표현했습니다.

니체의 종말인은 번역에 따라 '최후의 인간'이나 '마지막 인간'으로도 표기되고 있는데요. 안락한 삶을 좇으며 위험과 도전을 회피하는 인생입니다. 사랑으로 도피해 스스로 행복을 찾아냈다며 만족하며 살아가지요.

종말인은 '창조적 사랑도, 창조적 상상력도, 자신을 넘어서는 어떤 것에도 열망이 없는 사람'입니다.

니체는 종말인이 노예의 심성을 지녔다고 단정합니다. 더구나 모두 노예가 되는 사회를 만들고자 합니다. 니체는 "모든 사람이 서서히 죽어 가면서 '산다는 건 원래 이런 거야'라고 말하는 곳. 그곳을 나는 국가라고 부른다"며 근대 국가와 사회를 통렬히 비판했습니다.

니체는 자기 자신이 주인이 되지 못하고 시나브로 속물화하고 천민화하는 동시대인들에게 삶의 깊이와 인간적 품성을 찾으라고 권하는 철학자였습니다.

청년 헤겔학파와 마르크스가 낡은 왕정 체제와 결탁한 종교를 통렬히 비판할 때, 그들과 다른 시각에서 기독교가 지배하는 체제를 비판하고 나섰는데요. 기독교 목사와 신부들이 역사적 예수와 다른 '구세주 유형'을 구상해 내면서 노예 도덕을 설파했다고 주장합니다.

니체는 역사적으로 실존했던 예수에 대해서는 긍정적으로 보았습니다. 자유와 초탈, 평등과 사랑을 삶으로 실천한 "역사상 유일한 기독교인"으로 평가했지요.

그런데 사제 집단이 '사랑을 통한 구원'을 '신앙을 통한 구원'으로 바꿨습니다. 교회 제도는 물론이고 부활과 심판에 대한 교리들 또한 예수의 뜻과 어긋난다고 주장했습니다. 니체는 예수의 가르침을 왜곡하고 교회 조직을 세운 목사와 신부들이 신에 대한 복종을 권고하면서 실은 자신들에게 복종을 강요한다고 날카롭게 지적했습니다.

니체는 서양의 근대를 마감하는 동시에 플라톤 이후 2200년에 걸쳐 서양인을 지배해 온 중심 가치를 전복하고 새 길을 연 철학자, 현대 철학을 개시한 사상가로 눈부신 평가를 받고 있습니다.

자기를 극복하는 존재로서의 인간

흥미롭게도 니체는 그가 비판한 '사제 집단'인 목사의 아들로 1844년 태어났습니다. 대학에서 신학과 함께 고전 문헌학, 예술사를 공부하던 니체는 곧 신학을 접고 문헌학에 몰입했습니다. 1869년 당대 최고의 문헌학자 아래서 박사 학위를 받은 니체는 대학에 자리 잡고 고전 문헌학을 강의했습니다.

교수 니체는 편두통과 만성적 위장 장애 등 육체적 고통에 시달리면서 따뜻하고 공기가 신선한 곳을 찾아다녔는데요. 사회적 삶은 최소한의 사교에 그쳤고 편지로 소통했습니다.

문헌학자들은 니체가 출간한 『비극의 탄생』을 자신들의 시각으로 재단하며 '졸작'으로 깎아내렸습니다. 하지만 니체는 혹평에 전혀 주눅 들지 않았지요.

1879년 건강상의 이유로 교수직에 사표를 던진 니체는 그로부터

4년 뒤에 대표작 『차라투스트라는 이렇게 말했다』를 발표했습니다. 니체는 그 책으로 자신의 철학적 과제를 실현했다고 자부했지만, 출간 직후 평가는 인색했습니다. 1부에서 4부까지 연속 출간했지만 잘 팔리지가 않아 마지막 4부는 자비로 출간할 정도였지요.

그럼에도 니체는 좌절하지 않았어요. '차라투스트라'를 통해 자기를 넘어서는 고통을 기꺼이 즐거움으로 받아들이는 자유정신, 자신의 내면에 있는 모순을 넘어서는 창조적 삶을 제시했노라 확신했습니다.

니체는 '힘에의 의지'를 의욕적으로 구상합니다. 니체가 말하는 힘macht은 일부 히틀러 추종자들이 오해한 것처럼 '물리적 힘'을 뜻하지 않습니다.

니체는 존재 일반의 속성을 '관념'과 '물질'로 나누는 종래의 철학적 사유에 동의하지 않았습니다. 두 개념 가운데 어느 한쪽을 선택하는 방식의 철학적 사유를 반대하고 모든 존재의 속성을 관념도 물질도 아닌 '힘에의 의지'로 개념화했습니다.

우주 또는 자연 전체를 고정된 실체나 존재being로 파악해 온 철학적 전통과 달리 니체는 모든 존재를 '생성becoming'으로 보았습니다. 그 생성의 역동적 변화를 의인적으로 표현한 개념이 바로 '힘에의 의지'입니다.

처음 번역될 때 일본 학자들을 따라 '권력 의지'로 옮기면서 오해가 더 커지기도 했지만, 힘에의 의지는 정치권력의 '지배욕'을 뜻하지 않습니다. 니체가 말한 힘에의 의지는 '현재의 자신을 뛰어넘어 새로운 것을 창조하려는 내적 운동'입니다. '힘'은 변화 그 자체라고 할 수 있지요. 기존의 철학과 신학을 부쉈다는 점에서 '망치의 철학자'로 불리지만 니체는 결코 염세나 파괴에 머물지 않았습니다. 오히려 생성의 철학자였지요.

니체는 차라투스트라를 빌려 "사랑하는 자는 경멸하기 때문에 창조하려고 한다! 자신이 사랑한 것을 경멸할 줄 모르는 자가 사랑을 알겠는가"라고 묻습니다. 이어 "그대의 사랑, 그대의 창조와 함께 그대의 고독 속으로 들어가라"고 권하지요. 차라투스트라는 "나는 자기 자신을 넘어 창조하려고 파멸하는 자를 사랑한다"고 선언합니다. 삶을 힘차게 살아가라는 니체의 권고이지요.

니체의 유명한 명제, "신은 죽었다Gott ist tot"는 단순히 기독교적 신의 죽음을 의미하지 않습니다. '신'은 서양 철학이 전통으로 삼아 온 '형이상학적 초월 세계'를 뜻합니다.

플라톤의 철학과 기독교 신학이 공유하는 세계관, 곧 주어진 삶 너머에 있는 '피안의 세계'를 상정하는 사상과 결별해야 옳다는 제안이 "신은 죽었다"에 담겨 있습니다. 그것은 니체에게 인류가 '천상의 세계'에 빼앗긴 삶의 의미를 되찾는 전환점이자 잃어버린 지상의 세계를 찾는 과정입니다.

사람들이 '초월적 가치'에 현혹되지 않고 지상에서 자신의 삶을 온전히 살아가며 창조적 존재로서 자신을 형성해 가야 한다고 생각한 니체는 '삶을 긍정하는 철학'을 제시했습니다. 그 철학은 기존의 형이상학석이고 개념적인 틀을 벗어나 예술적이고 창조직입니다.

니체가 삶을 걸어가던 당시 서양 철학은 헤겔이 대표하듯 보편성과 전체성을 중시했습니다. 니체는 그 '전통'을 해체하며 개체들의 '차이'를 중시했습니다.

니체는 어떤 존재에서든 변함없는 실체를 부정합니다. 우주와 자연의 모든 것은 시간을 떠나서는 생각할 수 없는 역동적 운동입니다. 니체에게 그것은 '영원회귀' 사상으로 이어지지요. 모든 현상, 모든 존재가 영원히 반복되어 생성된다는 뜻입니다. 우주의 시간과 공간이 무한하기 때문입니다.

"세계는 그 자신을 무한히 반복했고, 자신의 놀이를 영원히 계속하는 순환이다."

영원히 반복되는 삶을 인간은 어떻게 받아들여야 할까요. 니체의 답은 명료합니다. 그에게 인간은 '끊임없이 자기를 극복하는 존재'이지요. 니체의 사상이 처음 국내에 소개될 때, 그것을 '초인'으로 옮겼지만, 그 번역어 또한 '슈퍼맨'을 떠올리는 오해를 낳기 십상입니다.

니체가 '위버멘쉬Übermensch'로 무엇을 말하려 했는지는 간명한 다음 문장에서 확인할 수 있습니다.

"나는 너희들에게 위버멘쉬를 가르치노라. 사람은 극복되어야 할 그 무엇이다."

스스로 밝혔듯이 니체는 인간을 "극복되어야 할 그 무엇"으로 보았지요. 그 '무엇'이 '위버멘쉬'죠. 니체에게 인간은 "스스로를 극복하는 생성"입니다. 삶의 의미를 스스로 창조해 가는 주권자가 위버멘쉬입니다.

니체가 근대 사회를 비판하는 맥락도 거기에 있습니다. 니체에게 근대 사회는 인간을 병들게 하며 '정치 영역이 위축된 시대'입니다.

마르크스의 자본주의 비판과 달리 니체의 개념은 다분히 문학적이기에 적잖은 오해를 불러일으켰습니다. 이를테면 니체는 근대 사회에서 정치가 위축된 현상을 군주적 본능이 해체된 것으로 표현합니다. '군주적 본능'이란 말에 집착해서 니체를 '반동적 철학자'로 해석하는 것은 그야말로 천박한 오독입니다.

군주적 본능으로 니체가 제기한 문제는 21세기를 살아가는 사람들에게 새로운 상상력을 불러일으킵니다. 니체는 저서에서 '군주적 본능을 가지지 못할 때'와 '주권자, 입법자, 가치의 창안자이기를 그칠 때'를 동일한 뜻으로 쓰고 있습니다. 국가나 사회를 구성하고 있는 개개인이 스스로 주권자와 입법자, 가치 창안자로 살아가지 않고 있다는 지적은 니체가 살던 당대는 물론, 지금도 시대의 핵심을 정확히 꿰뚫는 통찰입니다.

니체가 그 이유를 '국제적 화폐 은둔자들'-표면에 나서지 않고 금융을 통해 산업을 지배하는 자들을 지칭한 니체의 표현-과 연관 지을 때, 우리는 그와 마르크스의 접점을 찾을 수 있습니다. 니체는 마치 100년 뒤의 신자유주의 시대를 예견이라도 하듯이 '국제적 화폐 은둔사'들이 "정치를 '증권 시장과 국가, 사회의 수단'으로 오용하고, 자유주의적·낙관주의적 세계관을 보편적으로 확대시킨다"고 비판했습니다.

니체는 근대 자본주의 사회가 인간을 '표준화'한다는 사실에 누구보다 분노했습니다. 니체는 현대 사회와 고대 그리스 사회를 견주어 설명했습니다. 문헌학 연구에 근거해 니체는 고대 그리스인들이 "누구나 다른 사람들과 다른 자신의 특성을 부각시키고자 했고 독특한 행위와 업적을 통해 자신이 최고임을 보여주었다"고 주장했습니다.

그런데 근대 자본주의 사회는 인간의 독특한 개성이나 행위를 '일탈'로 규정함으로써 순응주의 사회를 조장합니다. 순응주의 사회는 니체에게 '정치의 쇠퇴 형식'이자 '정치의 소멸'입니다. 니체는 근대의 정치를 '작은 정치'라든가 '정치를 상실한 정치'라고 비판하고 그 시대가 끝나간다고 예고합니다.

주권자가 투표권만을 주권 행사로 여기는 현실에 니체는 개탄했습니다. 투표권을 경시한 것이 결코 아닙니다. 투표한 것으로 만족하면 그것은 자신이 복종해야 할 법을 만드는 데 '한 표'를 행사할 뿐인 '작은 정치'라고 비판한 거죠. 주권자 스스로 입법자가 되어야 한다고 강조한 이유도 여기에 있습니다.

니체와 마르크스, 19세기의 두 사상가는 근대 사회를 각각 다른 관점에서 비판했습니다. 흔히 니체를 철저한 개인주의자로 이해하지만 아닙니다.

니체는 개인을 사회와 절연된 개별적 존재로 인식하는 자유주의자들의 전제가 오류임을 경고했습니다. 철학자들이 종래 생각해 온 개인, 곧 '단일인'이라는 것은 하나의 오류라는 거죠. 니체에게 개인은 개별의 실체, 하나의 원자가 아닙니다. 개개인은 '하나의 연속적 전체'를 이룬다고 보았지요.

마르크스가 인간의 본질을 사회적 관계들의 결합체로 인식한 것과 같은 맥락입니다. 물론 니체와 마르크스의 철학은 '차이'가 큽니다.

니체는 사회주의자들이 인간의 자연적인 선한 본성을 믿고 있다며 이를 '형이상학적 태도'라고 비판했습니다. "혁명이 성공하면 아름다운 인간성의 자랑스러운 신전이 솟을 것"이라는 사회주의자들의 생각을 니체는 '위험스러운 꿈'으로 단언했습니다.

새로운 저술에 몰입하던 니체에게 조금씩 광기가 나타나는데요. 1889년 1월, 광장에서 마부가 말에 채찍을 휘두르는 광경을 목격하고는 갑자기 달려가서 말의 머리를 얼싸안고 눈물을 흘리다가 쓰러졌습니다. 곧장 정신 병원에 입원했지만 사람을 분간하지 못했습니다.

10여 년 내내 병상에서 생활하다가 1900년 쓸쓸히 숨을 거뒀습니다. 현대 의학계에선 니체의 사인을 뇌종양으로 추정합니다.

니체는 평생 독신으로 살았는데요. 친구의 소개로 루 살로메를 만나 사귀다가 청혼했지만 거절당했습니다. 살로메의 회고에 따르면 당시 니체는 17살 연상이었고 시력도 안 좋았으며 치질을 앓아 10분마다 앉는 자세를 바꿨답니다. 지적이고 그 자신 작가였던 살로메로선 니체의 철학을 사랑했지만 그가 결혼 상대로 보이진 않았던 거죠. 니체는 충격이 컸습니다. 하지만 자신의 철학을 열어 가며 이겨냈습니다.

니체 사후 철학계는 침묵했습니다. 그를 유럽 철학사에 자리매김하고 나선 철학자가 나타나기 전까지 그랬습니다. 그러다가 니체의 철학사적 의미가 재평가되면서 니체의 철학은 '탈근대 사상'의 큰 흐름을 형성했습니다. 『차라투스트라는 이렇게 말했다』는 20세기 내내 전 세계의 언어로 번역되었고, 숱한 니체 연구서들이 쏟아졌지요. "나는 인간이 아니다. 나는 다이너마이트다"라는 선언이 적중한 셈입니다.

죽음의 불안에서 삶의 의미를 찾은 하이데거

니체 철학 연구를 선구한 철학자가 하이데거입니다. 마르틴 하이데거Martin Heidegger, 1889~1976는 니체가 그랬듯이 근대 사회의 많은 문제들이 이성과 계몽으로 해결될 수 없다고 판단했습니다.

니체가 "신은 죽었다"며 모든 우상을 파괴함으로써 은폐되어 온 풍요로운 삶의 가능성을 구현했다면, 하이데거의 철학은 "근대는 존재 망각의 시대"라는 명제로 압축됩니다. 니체처럼 하이데거도 근대의 완성이 아닌 극복이 필요하다고 보았습니다.

1920년대에 독일에서 주목받고 있던 철학 교수 하이데거는 1929년 겨울 학기에 '형이상학의 근본 개념'을 강의하며 마지막에 니체가 쓴 시를 인용했는데요.

니체는 "오, 인간이여 귀를 기울여라. 깊은 밤은 무엇을 말하고 있는가"를 묻고 세계는 "한낮이 생각하는 것보다 깊다"고 노래합니다.

하이데거는 니체의 시에서 '세계의 깊이'를 발견합니다.

시에서 '낮'은 일상의 세계, 저마다 바쁘게 움직이며 돈을 좇는 세상입니다. 니체의 철학 개념으로는 '종말인의 세계'이겠지요.

'깊은 밤'은 언젠가 자신이 죽음에 이름을 직시하고 일상의 굴레나 관습에서 벗어날 때 비로소 경험하는 세계입니다. 하이데거는 죽음을 철학의 문제로 정면 응시합니다.

하이데거는 지금까지 철학이 죽음의 불안에서 도피하는 수단으로 기능해 왔다고 봅니다. 철학은 인간에게 형이상학적 체계를 마련해 줌으로써 사람들이 삶에 안주하게 했다는 겁니다.

하이데거는 죽음을 부정적으로 생각하지 않습니다. 오히려 철학은 죽음의 불안을 일깨워야 합니다. 인간이 자신에게 주어진 가혹한 운명을 직시할 때 진정한 자기를 구현해 나갈 수 있다고 본 거죠.

하이데거에게 철학은 이 세계가 어디에서 비롯했는지를 살피는 학문입니다. 그는 지금까지 유럽의 철학사는 존재sein와 존재자seiende를 혼동했다고 주장합니다. 차분히 짚어 보죠.

우리 앞에 있는 모든 것들을 '존재자'로 본 하이데거는 그 존재자들의 근거가 되는 것을 '존재'라고 불렀습니다. 존재자는 눈에 보이지만 존재는 보이지 않지요. 존재는 보이지도 들리지도 만져지지도 않습니다. 그 존재가 존재자를 규정하고 이해하는 지평이 됩니다.

그런데 과거의 철학은 통속적 의미의 존재자만을 따졌을 뿐, 근원적 의미의 존재는 문제 삼지 않았다는 것입니다. 하이데거가 '존재를 망각한 역사'라 부르는 이유입니다.

하이데거 철학에서 인간은 존재에 물음을 던지는 유일한 존재자입니다. 스스로 '존재'를 의식하며 그 존재와 관계하고 있는 존재자를 '현존재'라고 하는데요. 인간이 실존하는 모습입니다.

우리 인간은 자기의 의지와는 무관하게 이 세계 안에 던져졌지만, 끊임없이 자기를 실현해 갑니다. 현존재는 죽음으로 가는 존재입니다. 죽음은 외부에서 다가오지 않지요. 삶이 시작하는 순간부터 이미 죽음은 필연입니다.

인생이 뜻밖에도 한시적이라는 진실을 직시하는 사람은 삶의 의미를 묻고 자신이 살아온 인생을 성찰하며 더러는 삶을 새롭게 살아갈 결기를 세웁니다. 그때 죽음은 저주의 대상이 아니지요. 오히려 현존재의 삶을 유일하고도 가치 있는 것으로 깨닫게 해 주는 긍정적인 의미를 갖습니다. 죽음을 애써 외면해 망각한 사람은 일상생활에 몰입해 먹고 마시고 즐기며 동물처럼 살아가거든요.

따라서 철학은 모든 종류의 기만적인 자기 확신과 안일에서 벗어나라는 호소이어야 합니다. 불안도 긍정적으로 바라봅니다. 어느 날 갑작스레 죽음을 의식하며 삶 전체가 무의미하게 나타나면서 세계가 종전과는 다르게 드러날 때의 느낌이 불안이거든요.

불안을 곰곰 새길 때 우리가 안주해 온 일상적인 세계는 의미를 상실하지요. 죽음에 대한 불안에서 도피하지 않고 그것을 용기 있게 받아들이면서 자신의 삶이 기만적이었음을 섬뜩하게 인식할 때 우리는 새로운 인간으로 다시 태어날 수 있습니다.

하이데거에게 세계는 단지 과학적 탐구의 대상이 아닙니다. 과학적 탐구 앞에 세계는 온전히 자신의 모습을 드러내지 않는다는 거죠. 세계는 숨기를 좋아합니다. 과학적 탐구 방식으로는 결코 해명될 수 없는 존재가 바로 우리 인간입니다.

철학은 상투적인 일상어를 벗어나 다른 언어를 찾는 시와 비슷합니다. 명료한 체계를 중시하는 과학과 달리 모호하더라도 울림을 주는 예술에 가깝지요.

하이데거에게 언어란 단순한 의사소통이나 사람을 사귀는 수단이 아닙니다. "언어는 존재의 집"입니다.

존재가 바탕이 되어 인간의 사유가 생겨나고, 이 사유를 통해 언어가 흘러나온다면, 언어에는 반드시 존재가 들어 있기 마련입니다. 언어는 존재가 스스로 빛을 표출하는 매체가 되는 거죠. 그래서 철학자와 시인은 가장 멀리 있으면서도 가장 가깝게 서로를 느낀다고 하이데거는 주장합니다.

철학자 하이데거는 실제로 만년을 시인처럼 보냈습니다. 본디 프라이부르크 대학에서 철학을 가르치던 교수 하이데거는 나치가 정권을 잡을 때 그 대학의 총장이 되었는데요. 히틀러 치하에서 총장으로 일했다는 이유로 나치가 패망한 뒤 교수직이 박탈되었지요. 가까스로 복직되었지만 명예 교수로 물러났습니다.

한적한 산으로 들어가 비탈진 언덕에 작은 집을 짓고 살았는데요. 그 앞에 놓인 의자에 앉아 끝없이 펼쳐진 푸른 산과 흘러가는 흰 구름을 바라보며 여생을 보냈습니다.

니체와 하이데거를 거치며 죽음, 불안, 우울, 절망을 철학적으로 탐구하는 흐름이 형성됩니다. 실존주의_{existentialism}입니다. 1·2차 세계 대전으로 유럽에서만 수천만 명이 죽은 참화가 사상적 자극을 주었지요. 실존주의는 개인성을 강조하며 삶의 의미를 끊임없이 묻습니다. 대학 강단에서 교수들이 가르치는 철학에 비판적이었지요. 독일과 프랑스를 중심으로 시인이나 소설가로 활동한 철학자가 많습니다.

니체와 하이데거는 물론 카뮈와 사르트르를 비롯한 실존주의자들은 자신의 철학을 문학과 접목해 전개하며 현대 사회를 살아가는 사람들에게 자신의 삶을 예술적으로 창조하라고 권했습니다.

사르트르의 인생론

"인생은 B와 D 사이에 있다." 실존주의 철학자이자 소설가 장 폴 사르트르(Jean-Paul Sartre, 1905~1980)의 말입니다. 카뮈와 더불어 전후 프랑스 지성계에 큰 영향을 끼쳤는데요. 철학에 거리를 둔 카뮈와 달리 사르트르는 적극적으로 철학 책을 썼습니다.

사르트르

어린 시절 일찍 아버지를 여읜 사르트르는 눈 이상으로 점점 사시가 되어가자 자신은 여자의 사랑을 얻을 수 없다는 생각에 괴로워합니다. 10대에 접어들 때 어머니가 재혼하죠. 사르트르는 불행감에 사로잡힙니다. 사색과 글쓰기를 좋아하던 사르트르는 대학을 졸업하고 고등학교 철학 교사로 부임했습니다. 그때 쓴 소설 『구토』에서 사르트르는 세상의 모든 존재들은 그냥 있을 뿐 있어야 할 이유는 없다는 사상을 담습니다. 아무런 목적도 없이 세상에 던져져 있다는 느낌, 의미를 찾을 수 없는 허무감으로 주인공은 종종 구토를 하지요.

세상에 '던져진 존재'로서 인간은 자신이 이유 없이 세상에 존재하고 있다는 사실까지 알게 됩니다. 그 순간에 밀려오는 허무감으로 극단적인 선택을 할 수도 있지요.

하지만 사르트르는 절망을 딛고 일어납니다. 그의 대표적 철학서인 『존재와 무』에서 '무'란 존재를 규정하는 본질이 따로 없다는 의미입니다. 본디 아무것도 결정되어 있지 않기 때문에 오히려 인간은 자신이 존재하는 이유를 스스로 만들어 나가는 창조적 존재로 거듭날 수 있다고 역설합니다. '실존은 본질에 앞선다'는 철학적 명제에 담긴 뜻입니다. 인간은 스스로 변화하고 새롭게 자신을 만들어 가는 자유를 지닌 존재이지요.

절망에 잠기든, 힘차게 창조하든 선택은 자신의 몫이자 책임입니다. 주체적 선택을 생활에서 잊지 말라는 뜻에서 인생은 B와 D 사이에 있다고 쉽게 설명합니다. B와 D 사이에는 C가 있지요. B는 출생birth, Ddeath는 죽음입니다. 출생과 죽음 사이에 놓인 인생은 선택choice임을 강조했지요.

사르트르의 자유론이 개인 차원에 머무는 것은 아닙니다. 제2차 세계대전은 사르트르의 철학적 사유에도 영향을 끼쳤는데요. 전쟁이 삽시간에 많은 사람들의 운명을 바꾸는 모습을 목격한 사르트르는 사회적 현실에 참여의 중요성을 깨닫습니다. 인간은 본디 자유롭지만, 그 자유를 억압하는 세력이 엄존하니까요. 그들이 있는 한 인간은 결코 온전히 자유로울 수 없다고 판단한 사르트르는 자유를 억누르는 모든 세력에 맞서 싸워야 한다며 그것을 '앙가주망engagement'으로 개념화합니다.

1940년에 전쟁으로 징집된 그는 포로가 되었지만 '장애인'으로 꾸며 풀려났습니다. 파리로 돌아와 학교에 몸담고 글쓰기를 통해 다시 저항레지스탕스 운동에 동참합니다.

전쟁이 끝나고 지식인의 명성을 얻는 사르트르는 교직을 접고 <현대>라는 진보적 잡지를 만들어 적극적으로 정치 현실에 참여했습니다. 마르크스의 철학에 공감하고 소련 공산당에도 우호적이었지만 소련이 같은 공산 국가인 체코를 침략하는 모습에 충격을 받았지요. 사르트르는 주저 없이 공산주의와 결별을 선언했습니다.

사르트르는 자유를 억압하는 모든 것과 줄기차게 싸웠습니다. 미국의 베트남 참전을 신랄하게 비판하고 1970년대에는 군부 독재에 맞선 한국의 민주화 운동에도 지지를 표했습니다.

1980년에 75세로 눈을 감았는데요. 파리 시민 2만 5000명이 장례식에 참여해 그와 '계약 결혼'하고 평생을 함께한 연인이자 작가인 보부아르와 함께 애도했습니다.

데리다의 '해체 철학'

프랑스 식민지 알제리에서 유태인 외판원의 아들로 태어나 현대 철학에 새로운 흐름을 이룬 철학자가 있습니다. 해체주의 철학자 데리다^{Jacques Derrida, 1930~2004}입니다.

소년 데리다는 학교 적응이 힘들어 열 살 때 초등학교에서 퇴학당했

습니다. 데리다는 주눅 들지 않
고 꾸준히 공부해 대학에 들어갔
지요. 사르트르의 인기가 절정이던
시기에 파리에서 철학을 공부했지
만 그의 영향을 거의 받지 않았다
고 말했습니다. 자신의 사유에 큰
영향을 준 철학자로 두 사람을 꼽
았는데요. 바로 니체와 하이데거
입니다.

데리다

　프랑스를 비롯해 유럽과 미국에서 기존의 정치 경제 체제에 맞선 청년
들의 저항 운동이 1968년에 일어납니다. 평화와 인권, 생태와 같은 새로
운 가치가 퍼지면서 '68혁명'으로 불리는데요. 68혁명 과정에서 자본주의
체제를 비판하면서도 소련의 스탈린주의에 반대하는 10대와 20대들에게
니체의 철학이 주목받았습니다. 당시 30대 후반이던 철학자 데리다는 기
성 체제를 뒷받침해 온 철학들을 우상으로 판단했는데요. 우상 파괴의 길
에 나선 그가 '망치의 철학자' 니체의 글에 매혹된 것은 필연이었지요.

　데리다가 자신의 철학적 사유를 스스로 밝힌 말이 있습니다.

　"나는 '언제나 반드시 당연하다'고 간주되는 것, '모든 경우에 적합하
다'고 간주되는 것을 파괴하는 지식인이고 싶다."

　비단 데리다만이 아니지요. 철학하는 사람이라면 갖춰야 할 기본자세입
니다. 데리다는 플라톤 이후 연면히 이어 온 이성적 철학의 전통을 '해체

deconstruction'하러 나섭니다. 지금까지의 유럽 철학은 세계가 하나의 완결되고 정합적인 체계로 이뤄져 있다는 '동일성의 철학'이었다고 비판하지요.

데리다는 동일성을 추구한 이성이 숨기고 있는 '차이'를 찾아 드러냅니다. 이성이나 진리라는 이름 아래 나와 다른 것을 철저히 배제하고 억압하는 유럽의 형이상학인 동일성 철학, 그 폐쇄성을 차이의 철학으로 해체합니다. 차이의 철학에서 우리는 '틀림'과 '다름'의 차이를 새삼 알 수 있지요.

데리다는 더 나아가 '차이'와 '차연'을 구분합니다. 우리가 '차이'를 이야기할 때 어떻게 서로 다른지 이성적 질서를 근거로 합니다. 차이를 만드는 근간을 탐색해 간 데리다는 차이와 다른 '차연'이라는 말을 창안하는데요. 차이의 배후에서 보이지는 않지만 작동하고 있는 것을 이릅니다. 모든 언어에서 이전의 의미가 수정되어 가듯이 모든 것의 의미는 늘 어느 정도 연기 또는 지연되어 있다는 건데요. 아직 의미가 다 드러나지 않고 있다는 뜻입니다. 그것을 '차연差延, différance'으로 개념화합니다. 차연은 우리에게 삶이든 무엇이든 "완전하게 이해하는 것의 어려움"을 가르쳐 줍니다.

데리다에게 철학은 이성적이고 논리적 개념이 아닙니다. 그에게 모든 철학 체계는 은유입니다. 이를테면 철학자들의 저서에는 필자 자신이 의식적으로 말하고 있는 부분과 그 자신이 의식하지 못하는 내용 사이에 차이 또는 차연이 담겨 있습니다. '해체'는 바로 그 차이 속으로 들어가는 방법입니다.

데리다는 철학을 지탱해 오던 로고스 중심의 사유를 해체해 철학과 문

10대와 통하는 철학 이야기

학의 경계선을 해체합니다. 데리다는 "철학도 문학도 아닌, 그리고 그 둘에 오염되지 않은, 그러나 문학과 철학의 추억을 간직한 그런 글쓰기"를 꿈꾸었습니다.

　동일성에 이어 철학과 문학의 경계선을 해체한 데리다의 철학을 통해 유럽의 철학과 아시아의 철학도 새로운 지평에서 만날 수 있겠지요. 유럽의 기준에 맞춰 철학의 동일성을 찾을 것이 아니라 유럽 철학과 아시아 철학의 차이를 있는 그대로 받아들이고 대등한 지평에서 만나야 한다는 거죠.

Philosophy

10

Modern

공론장 철학과 감성의 해방

소통의 철학자 하버마스

"철학은 위대한 전통을 거부함으로써 그 전통에 충실하게 된다."

2019년 6월 아흔 살을 맞아서도 철학 책 집필에 한창이던 하버마스가 자신이 철학을 보는 관점을 잘 드러낸 말입니다.

독일에서 1929년에 태어난 하버마스Jurgen Habermas는 10대 시절에 히틀러와 나치가 일으킨 전쟁을 뼈저리게 체험했습니다. 나치가 패망한 뒤 대학에 들어간 하버마스의 눈에 전후의 독일은 마치 아무

일도 없었다는 듯이 전쟁 이전으로 되돌아간 상태로 보였습니다. 나치 독일의 침략 전쟁과 유대인 대학살에 비판적 성찰은 찾기 어려웠습니다.

하버마스는 차분하게 모든 철학적 전통을 짚었습니다. 먼저 플라톤과 아리스토텔레스 이후 '제1 철학'을 자임해 온 형이상학은 과학적 근거가 없다고 비판했습니다. 데카르트와 칸트에 이르러 제1 철학의 위치를 새롭게 차지한 인식론, 또는 그가 즐겨 쓴 용어로 인간의 머릿속 생각을 중심에 둔 '의식 철학'도 독단적이라고 비판합니다. '비판으로서의 철학'을 내건 그에게 철학은 더 이상 모든 학문에게 최종 근거를 부여하는 기초 학문일 수 없었지요.

형이상학과 의식 철학을 부정한 하버마스는 마르크스 철학의 근대 사회 비판에 공감했습니다. 하지만 마르크스 철학의 한계도 또렷하다고 판단했는데요. 사회 경제적 분석과 계급 투쟁의 실천적 개념으로 인류 역사를 통일적으로 파악한 탐구는 긍정적으로 평가했지만, 인간의 인류적 본질을 오직 노동 개념을 통해서만 해석했다고 비판에 나섭니다.

하버마스는 인간의 인식은 실천과 밀접한 연관을 갖고 이루어진다고 보았습니다. '인간이 자기 삶을 꾸려 가는 행위'가 실천인데요. 그 구체적 모습은 노동과 소통^{상호 작용}입니다. 인류의 형성을 결정하는 실천적인 요소를 마르크스처럼 노동으로만 본 것이 아니라 소통 행위를 더해서 본 것이지요.

소통은 인간들 사이의 교류의 영역, 사회라는 세계에서 이루어지는 활동입니다. 하버마스는 마르크스가 인간의 생산 활동을 단순히 노동으로 환원했다며 상호 작용의 의사소통을 통해 독단을 벗어나야 옳다고 주장합니다.

인간은 자신과 주변을 설명하려고 언어적 의사소통 구조를 만듭니다. 하버마스가 보기에 인간과 인간, 인간과 집단을 매개하는 것은 단순한 생산이 아닙니다.

상호 작용의 의사소통 행위에 천착한 하버마스의 철학은 그가 선천성 '언청이'였다는 사실에 비춰 보면 더 흥미롭습니다. 다섯 살 때 수술을 받았음에도 하버마스의 말은 다른 사람이 알아듣기 힘들었지요. 불명확한 발음으로 초등학교 시절에 심한 놀림을 받았습니다. 그가 언어와 언론을 중시한 철학자가 된 개인적 배경이기도 합니다.

언어와 의사소통의 중요성은 하버마스의 독창적인 개념인 '공론장offentlichkeit'에 기반을 두고 있습니다. 근대 유럽에서 자본주의 체제가 형성될 때 국가와 시민 사회가 분리되는 과정을 면밀하게 분석해 내놓은 개념이 공론장입니다.

공론장 개념은 1962년 그가 출간한『공론장의 구조 변동』에서 처음 선보였는데요. 그 이론이 세계적 주목을 받게 된 것은 1989년에서 1991년에 걸쳐 소련과 동유럽의 공산주의 국가들이 무너지면서였습니다.

자신들이 '인민을 대변한다'며 집권해 온 공산당 정부에 맞서 "우리가 인민이다"라는 구호 아래 거리로 나온 민중의 모습은 공론장 이론의 설명력을 크게 높여 주었지요. 공산당 지도 체제에 민중의 분노가 분출되는 역사적 사건 앞에서 아래로부터의 정치 공간이 지닌 중요성에 눈뜨게 된 셈입니다. 하버마스의 공론장 개념이 처음 영어 'public sphere'로 소개되고, 그의 독일어 저작이 번역된 것도 그 시점1989입니다.

세계적으로 공론장은 민주주의의 중요한 개념으로 인식되었습니다. '여론 정치의 조건'이자 '입헌 민주 국가의 기초'가 공론장이기 때문입니다.

흔히 하버마스의 공론장을 '사적 영역과 구별되는 영역'으로 정의하고, 공론장이라는 말 자체가 그런 추정을 불러오기도 하지만, 그것은 하버마스의 공론장 개념에 대한 중대한 오독입니다.

하버마스는 공론장이 무엇보다 "공중으로 결집한 사적 개인들의 영역"임을 분명하게 밝히고 논의를 시작합니다. 여기서 '사적 개인들의 영역'이란 말에 담긴 뜻은 깊지요. 국가와 사회가 분리되지 못했던 중세 시대와 달리, 그리고 공산주의 국가들의 공산당 1당 체제와는 달리, 국가 영역에 맞서 '사적 개인들의 영역'이 형성됐음을 의미하기 때문입니다.

민주주의 원리로서의 '공론장'

사적 개인들의 영역이 바로 공론장의 기원입니다. 중세 유럽은 농업이 중심이었기에 대가족 제도를 유지했지만 상공업이 발달하면서 서서히 개인이 중시되고 핵가족 제도가 퍼져 갑니다.

핵가족의 사생활 영역에서 자유로운 개개인들은 사적인 인간관계를 맺어 갔지요. 그들이 모여 대화 나누는 공간도 생겨났습니다. 영국에서는 커피 하우스, 프랑스에서는 살롱, 독일에서는 다과회가 그것입니다. 마침 예술가들도 왕이나 귀족의 '후견 체제'로부터 자유로워지고 인쇄술도 발달하면서 지적 활동이 풍성해지기 시작했습니다. 개개인들이 서로 만나 자신들이 읽은 문학 작품을 놓고 토론을 벌이는 시공간이 '문예 공론장'입니다.

이윽고 서로 소식뉴스를 주고받다가 그것이 신문으로 발전하면서 공론장은 더 큰 의미를 지닙니다. 그때까지의 역사에서 줄곧 권력의 지배를 받아 온 민중은 이제 출현하는 공론장의 주체로, 권력의 상대방으로 자기 자신을 의식할 수 있게 됩니다.

한 사회를 구성하는 절대다수인 민중은 공론장에 적극 참여함으로써 근대 국가의 정치적 의사 결정 과정의 당당한 주체로 설 수 있었습니다. 사적 개인들이 공중으로 결집하면서 권력은 자신을 정당화하기 위해 여론public opinion을 의식할 수밖에 없었지요. '여론 정치' 시대가 열린 것입니다.

여론이 '자신의 의견opinion을 표현하길 갈망하는 공중public, 사회 구성원들의 비판적 담론'으로 자리매김하면서, 전제 군주가 마음 내키는 대로 지배해 온 체제를 넘어 여론에 의한 정치, 민주주의 시대가 열렸습니다.

'민중의 의견opinion of the people'으로 인식되어 왔던 '여론'은 '공론장에서 합리적 토론을 통해 형성된다'는 뜻을 지니게 됩니다. 하버마스는 공적 토론이 자유롭게 이루어짐으로써 '더 나은 논증의 힘'으로 참된 '합의'에 이를 가능성이 보장된다고 보았습니다.

철학자들이 여론을 모두 긍정적으로 평가한 것은 아닙니다. 가령 헤겔에게 여론이란 "다수의 주관적인 개인 의견사견"에 지나지 않았지요. 따라서 "현실이나 학문에서 여론으로부터의 독립"이 필요하다고 강조했습니다.

여론에 대한 헤겔의 부정적 견해는 결국 국가를 시민 사회가 아닌 '절대정신'의 구현체로 상정함으로써 민주주의 가치와 멀어지게

한 결과를 낳았지요. 헤겔 사상의 귀결은 역설적으로 하버마스의 여론과 공론장 철학이 지닌 의미를 새삼 돋보이게 합니다.

공론장은 근대 국가의 성립과 긴밀한 연관이 있습니다. 영국에서 17세기 후반, 프랑스에서 18세기, 독일에서 19세기에 들어와 본격적으로 형성된 공론장은 근대 민주주의 정치 질서의 확립과 궤를 같이합니다.

공중으로 결합한 사적 개인들이 문예 공론장을 통해 중세 질서를 비판하는 과정에서 신문과 정당이 만들어지고 근대 국가의 헌법과 헌정 국가의 이념을 세웠지요. 개개인의 자연권은 물론, 보통 선거권이나 언론·출판·집회·결사의 자유, 그를 보장하는 입법이 모두 공론장을 밑절미로 가능했습니다.

하버마스에게 공론장은 민주주의 원리입니다. 공론장에서 모든 사람은 원칙적으로 동등한 기회를 가지고 각자의 개인적 성향, 희망, 신조, 의견을 제시할 수 있습니다. 법치 국가에서 법을 제정하거나 개정하는 과정도 그 연장선이지요. 공론장은 근대 법치 국가의 조직 원리입니다.

서유럽의 역사에서 추출한 공론장 개념은 여론 정치의 조건이자 민주주의의 기초입니다. 근대 사회 이전, 곧 공론장이 형성되기 이전의 정치는 '장대한 행렬과 행사, 여러 문양과 의식'들이 상징하듯이 권력이 민중 앞에 자신의 힘을 과시하는 수준이었습니다.

권위의 전시나 복종만이 있던 근대 이전의 '밀실 정치'에서 벗어나 민중 스스로 자신의 문제를 토론하고 결정하는 새로운 정치 공간이 공론장입니다. 절대 군주의 말과 행동을 중시한 중세 정치와 달리 이성에 기반을 둔 공공성·공개성을 대표하는 입헌 정치 사이에 투쟁이 일어난 것은 필연이었지요.

역사적인 그 투쟁 과정에서 공론장을 통해 자유와 평등의 이념을 제도화한 민주주의 국가가 탄생했습니다. 하버마스는 절대 왕정의 지배 체제로부터 시민 사회가 해방되는 데 공론장이 실제로 구실을 한 것은 기존의 권위에 대항해 공개성의 원리를 사용했기 때문이라고 분석했습니다.

공론장에 참여하는 사람들 사이에서 자유와 평등, 인간성의 이념이 진리와 법의 정신으로 뿌리내려 갔습니다. 이성을 지닌 사람들의 평등하고 자유로운 삶이 공론장의 이념이 되었고, 이성적 사람들의 토론을 통한 합의로 국가를 통치해야 한다는 사상이 구체화했습니다. 공중이 국가와 사회 사이에 공론장이라는 정치 공간을 만들어 내면서 근대 이전의 '민중 배제 정치'를 벗어나 '직접 참여하는 정치'로 바뀐 셈입니다.

하버마스의 공론장은 마르크스주의자들이 자본주의에 대한 과학적 분석에 집중하느라 미처 보지 못했거나 중시하지 않았던 민주주의 정치의 핵심 조건입니다. 공산 국가들의 붕괴 뒤에 공론장 이론이 높은 설명력을 지닌 이유가 여기 있습니다.

중세의 신분제에 바탕을 둔 폐쇄적 정치 구조를 벗어나 모든 사람이 자유롭고 평등하게 참여해서 여론을 형성하는 마당으로서 공론장은 역사적으로도 그렇지만 새로운 사회를 구상할 때도 중요한 개념입니다.

물론 작금의 미국과 유럽 공론장이 온전한 것은 아닙니다. 하버마스 자신이 권력과 자본에 의해 공론장이 지배될 가능성 – 국가의 행정 체계와 경제 체계에 의해 민중이 살아가는 '생활 세계'가 식민지로 전락할 위험성 – 을 경고했습니다. 실제로 오늘날 의사소통망의 상업화, 언론 매체 설립에 필요한 자본의 증가에 따라 공론장이 자본의 힘에 흔들리고 있습니다. 언론의 여론 조작으로 공론장의 순수함도 시나브로 훼손되었습니다. 미국과 유럽에서 공론장에 대한 자본의 영향력은 갈수록 커지고 있습니다.

공론장을 기반으로 하버마스가 제안한 '숙의 민주주의'도 위협받고 있습니다. 숙의 민주주의deliberative democracy는 말 그대로 의사 결정 과정에서 숙의가 중심이 되는 민주주의인데요. '숙의執議'란 여러 사람이 특정 문제를 놓고 깊이 생각하고 충분히 의논하는 과정을 이릅니다. 숙의 민주주의는 사회 구성원들이 공공 의제에 관한 토론에 직접 참여하여 합의를 이뤄가는 민주주의이지요.

결국 더 좋은 사회나 더 나은 삶의 구체적 형태를 기획하는 일은 공론장에 참여하는 사회 구성원들이 맡아야 할 과제입니다. 그 점에서 하버마스가 사회를 바라보는 관점은 절차적인 형식에 머물고 있다는 비판을 받을 수 있습니다. 공론장이 과연 숙의 민주주의의 소망대로 바람직하게 굴러갈 수 있을지 의문이 들 수도 있겠지요.

마르쿠제와 '상상력'

바람직한 사회를 공론장과 숙의 민주주의로 – 다소 이상적으로 – 구상한 하버마스와 달리 사회 경제적 조건을 바꾸고 그것을 토대로 인간의 행복을 적극 추구한 철학자가 있습니다.

마르쿠제Herbert Marcuse, 1898~1979입니다. 마르쿠제는 "이성적 현실과 현재의 현실 사이의 커다란 간격은 개념적 사유에 의해서 메워질 수 없다"고 보았습니다. 현실 안에서 아직 현실이 아닌 것을 목표로 삼기 위해 그가 강조한 것이 '상상력'입니다.

상상력은 비이성적 현실에서 이성적인 미래적 요소를 이끌어 내어 새로운 미래를 그릴 수 있습니다. 상상력은 과거와 현재를 미래와 연결해 줍니다.

그래서 마르쿠제는 '감성'을 중시합니다. 감성sensibility은 국어사전에서 풀이하듯 '자극이나 자극의 변화를 느끼는 성질'인데요. 철학에서는 '인간과 세계를 잇는 원초적 유대'를 감성으로 규정합니다. 인간의 모든 생활을 열어 주는 것이 감성이지요.

일찍이 포이어바흐는 헤겔의 철학이 추상적 개념을 통해 구체적 삶으로 나아간다고 비판하며 철학의 출발점은 삶의 현실인 감성적

마르구제

세계에 있다고 주장했습니다. 마르크스는 인간이 지닌 오감^{시각·청각·}^{후각·미각·촉각}을 "세계사 전체가 이제까지 이룩한 노동의 결실"이라고 풀이했는데요. 실제로 인간이 지닌 시각·청각·후각·미각·촉각은 오랜 세월에 걸쳐 인류가 진화하며 갖춘 능력입니다.

마르쿠제는 현대 자본주의 사회가 효율성과 합리성만을 중시하며 인간의 감성을 억압하고 있다고 비판합니다. 그가 '감성 해방'을 주장한 이유입니다.

독일에서 철학 박사 학위를 받고 프랑크푸르트 사회연구소에서 일하던 마르쿠제는 히틀러가 집권하자 위협을 직감했습니다. 1934년 미국으로 건너가 철학 연구를 이어 갔습니다. 마르쿠제는 유럽에서 시작해 지구 곳곳으로 퍼진 68혁명 당시 학생 운동의 '정신적 스승'이라는 찬사를 받았습니다.

마르쿠제의 철학은 독일 국민이 투표로 히틀러를 선출하는 현실을 목격하며 영글기 시작했습니다. 마르쿠제는 "진정한 혁명을 성취할 수 있는 조건이 현실적으로 갖추어져 있는 시대에 도대체 왜 혁명은 와해되거나 타도되었고, 낡은 시대의 세력이 다시 권력을 장악하게 되었는가?"라는 물음을 던지고 고심했습니다.

2차 세계 대전이 끝난 뒤 마르쿠제의 철학은 날카롭게 벼려졌습니다. 선진 자본주의 사회에서 사람들의 생활은 과거보다 분명 살기 편해졌는데요. 마르쿠제는 "사람들은 자기의 일용품 속에서 자기 자신을 확인한다. 곧 그들은 자기가 가지고 있는 자동차, 하이파이 세트, 실내에 2층 계단이 달린 주택, 부엌 살림살이 등에서 자기의 영혼을 발견한다"며 우려 섞인 눈길을 보냈습니다.

자동차와 하이파이 세트 등은 현대 사회에서 중산층으로 살고 있는 사람들이 누리는 삶의 풍경인데요. 개개인들은 "생활의 안락을 늘리고 노동 생산성을 높이는" 체제에 순응하지요.

마르쿠제는 그 이유를 '거짓 욕망'에 사로잡혀 있기 때문으로 설명합니다. 과학 기술과 결합한 산업의 생산성 증가는 다양한 생활품들을 쏟아내면서 풍요를 가져왔지요. 기술이 시대를 선도하면서 새 상품을 끊임없이 개발하고, 소비자들이 그 상품을 사노록 인위적 욕망을 불어넣었습니다.

결국 선진 자본주의 사회에서 개개인들은 지배 계급이 상품을 많이 팔아 돈을 벌 의도로 만들어 낸 욕망을 자신이 선택한 '자율적 욕망'으로 믿게 됩니다. 그의 대표작 『일차원적 인간』의 부제가 '선진 산업 사회의 이데올로기 연구'입니다.

현대 산업 사회에서 개개인이 살아가는 모습은 평준화하고 보편화했는데요. 저마다 자신의 이익과 욕망을 추구하는 데 몰두합니다. 그러면서 모두 평등하게 살아간다고 생각합니다. 자본가도 노동인도 같은 텔레비전 프로그램을 보고 같은 스포츠 경기를 관람한다는 거죠. 노동인들도 자가용을 탑니다. 자본가는 비싼 차를 타고 노동인은 저렴한 차를 타지만, 그것은 어디까지나 개인 능력의 차이라고 여깁니다.

문제는 자신의 경쟁력을 높이는 일, 저마다 자기 계발에 힘쓰는 일이 됩니다. 한국 사회에서도 자기 계발 책들이 꾸준히 나오지요. 대학생들이 이른바 '스펙'을 쌓으려고 동분서주하는 이유도 같은 맥락입니다.

마르쿠제는 현대인들이 사회적 모순을 인식하지 못하고 주어진 틀에서 살아가고 있다고 비판합니다. 그런 현대인들을 '일차원적 인간'으로 개념화했습니다.

감성의 해방과 새로운 세계

마르쿠제는 마르크스가 살았던 19세기 자본주의 사회와 20세기

후기 자본주의 사회의 차이를 가볍게 보지 않았습니다. 자본주의 체제는 진전되는데 마르크스의 예견과 달리 계급 의식은 높아지지 않고 그 당연한 결과로 혁명이 일어날 가능성도 사라졌다는 거죠. 자본주의가 소비에 대한 열망을 인간의 본능적 욕구로 만들었기 때문입니다. 사회 구조까지 그에 맞춰 변형했지요.

그 결과로 인간의 감성마저 둔화됩니다. 둔화된 감성을 지닌 사람들은 현존하는 사회가 만들어 놓은 틀에서만 세상을 볼 수 있습니다. 그래서 억압에 대항하지 않지요. 현존 사회가 부여하는 질서를 되레 적극 수용합니다. 오늘날 경제력이 풍부한 나라들 구성원 대다수가 살아가는 풍경입니다. 목적의 설정이나 정당성에 대한 논의 대신에 오직 주어진 목적을 효율적으로 달성하기 위한 계산적 사고만이 중시되는 거죠. 바로 '일차원적 사고'입니다.

마르쿠제는 기술적·도구적 합리성이 지배하는 현대 산업 사회에서는 비판 의식이 상실되고 단지 효율성의 논리만이 득세한다고 보았지만 그렇다고 미래를 비관하지 않습니다. 일차원화된 사회에서 그것을 넘어서는 의식을 확보할 수 있는 논리를 프로이트 심리학에서 찾았습니다.

마르쿠제는 『에로스와 문명』에서 노동 소외가 극복되고 노동이 인간의 본질을 실현하는 계기가 되어 개개인이 자신의 능력을 전면적으로 발휘하는 세상을 그립니다. 인간 본성의 자유로운 실현, 감성의 해방을 추구한 이유입니다.

마르쿠제는 해방된 감성이 자본주의의 도구적 합리성을 거부할 것으로 보았습니다. 해방된 감성은 자아와 타자 및 세상을 공격적 획득이나 경쟁의 대상으로 대하지 않습니다. 더 나아가 자연의 인간적 점유를 통해서 "인간의 고유한 능력인 창조적이고 미적인 능력을 자유롭게 전개"합니다.

마르쿠제는 "숨 막힐 정도로 많은 상품들을 생산하여 음란하게 내보이면서도 희생자들로부터는 생활의 필수품마저 대대적으로 빼앗는" 체제야말로 "외설적"이라고 비판하고 혁명의 가능성은 '새로운 감성'에 있다고 호소했습니다.

사치와 낭비로 얼룩진 물신 숭배와 가난한 사람들의 고통에 눈감는 비인간적 야만, 아니 '외설'에 대한 혐오감은 새로운 사회를 꿈꾸는 출발점이 될 수 있습니다. 파괴적 충동이 아닌 삶의 충동, 다른 사람들의 삶과 경쟁하지 않고 공존하겠다는 연대감과 협업에 바탕을 둘 때 비로소 "우리 삶에서 처음으로 우리는 우리가 무엇을 할 것인지에 대해 자유롭게 사고하게 될 것"입니다.

따라서 마르쿠제는 사회 변화가 개인의 주체성과 열정, 욕구에 뿌리를 두어야 한다고 제안했습니다. 새로운 감성으로 삶의 욕구를 키워 주어 더 나은 사회를 형성해 가자는 뜻입니다.

새로운 주체를 형성하려면 개개인의 욕구와 가치를 변환시킬 실천이 필요하다고 본 마르쿠제는 예술과 대항문화에 주목했습니다. 예술은 길들여진 감성과 손상된 감각을 재구성해 새로운 감성과 감각으로 억압적 이성에 저항할 힘을 샘솟게 합니다.

마르쿠제는 미적 심취나 예술 교육이 단지 중산층의 엉뚱한 탐닉이나 한가한 사람들의 취미라는 생각을 파기합니다. 그에게 예술은 '총체적으로 동원된 사회에서 비판적 통찰력의 마지막 보루'입니다.

인간과 자연에 대한 억압과 착취는 물론, 개인의 감성이나 욕구까지 조작하는 자본주의를 넘어 새로운 사회를 구현하려면 먼저 감성과 감각의 해방을 이뤄야 합니다. "감미롭고, 감수성 풍부하며 더는 자신을 부끄럽게 여기지 않을" 사람들이 해방의 주체입니다. 마르쿠제는 해방의 가능성을 '예술 작품으로서의 사회'로 표현합니다.

예술은 매일의 진부하고 순응적인 커뮤니케이션 미디어를 넘어서 실재를 재구성할 수 있게 해 줍니다. 자유에 대한 꿈을 다시 일깨우며 산업 사회의 이데올로기를 비판하기 때문입니다. 우리가 사물을 보고 듣고 느끼고 이해하는 "너무 익숙하고 일상화된 방식"을 넘어설 수 있는 미디어가 예술입니다.

마르쿠제는 자본주의의 고도의 생산력을 바탕으로 유토피아적인 사회를 건설할 수 있다고 보았습니다. 유토피아적 사회는 감성을 비롯한 모든 인간의 능력이 전면적으로 실현되는 사회이지요.

상상력, 특히 미학적 상상력으로 구성한 예술 작품에 담긴 비판적이고 유토피아적인 의식은 인간이라면 누구나 보편적으로 지닌 감성을 되찾게 해 줍니다.

마르쿠제의 정치적 전망은 또렷합니다. 새로운 감수성으로 '자본주의 정신이 생산해 내는 물질적인 쓰레기'로부터 벗어나 '새롭고 지속 가능한 노동관계'를 실현하자는 호소입니다.

자본주의적 거짓 욕구에 사로잡혀 서로에게 파괴적이고 억압적인 인간과 인간, 인간과 자연의 관계를 넘어서서 마르쿠제는 개개인이 자신의 창조적 미적 능력을 자유롭게 실현할 수 있는 사회를 꿈꿨습니다.

마르쿠제가 살던 20세기에는 상상하기 어려웠을 만큼 21세기는 정보가 넘쳐납니다. 정보의 홍수 속에서 감성은 터무니없이 메말라 가는 오늘날, 마르쿠제가 역설한 '감성의 해방'은 새로운 세상을 탐색하는 사람들에게 깊은 성찰을 줍니다.

롤스의 정의론

자유, 평등, 정의. 우리가 흔히 쓰는 말입니다. 하지만 그 개념을 정의하기는 의외로 쉽지 않습니다. 그런데 그 세 개념을 엮어서 정의의 정치 철학을 제시한 철학자가 있는데요. 존 롤스 John Rawls, 1921~ 2002입니다.

하버드대 철학 교수로 활동했던 롤스는 1971년 출간된 『정의론』에서 자유와 평등을 철학적으로 통합했다는 평가를 받고 있습니다.

롤스가 내세운 정의의 제1원칙이 '평등한 자유equal liberties의 원칙'입니다. 사상, 양심, 언론, 집회의 자유, 보통 선거의 자유, 공직 및 개인 재산을 소유할 자유처럼 자유주의가 내세우는 가장 기본적인 자유를 보장하는 것이 정의입니다. 주목할 것은 롤스가 생산재의 사유 및 생산물의 점유, 소유물의 상속 및 증여의 자유와 같은 자본주의적 시장의 자유는 그 원칙에 담지 않았다는 사실입니다.

롤스

정의의 제2원칙은 자유주의적 자유들이 사회적으로 불리한 처지에 있는 사람들에게 빈말이 되지 않도록 하는 원칙으로 두 부분으로 이뤄집니다.

먼저 '차등의 원칙'입니다. 가장 수혜 받지 못하는 최소의 시민들에게 최대의 이익을 가져다줄 때만 불평등이 정당화될 수 있다는 원칙인데요. 그렇지 못할 때는 불평등은 정의롭지 못하다는 원칙입니다.

다른 하나는 '공정한 기회균등의 원칙'입니다. 누구나 그들이 태어난 사회적 지위와 무관하게 유사한 삶의 기회를 보장받아야 한다는 것입니다.

롤스는 두 번째 저서 『정치적 자유주의』에서 인간의 가치관은 다원적이고 이성도 한계가 있기 때문에 칸트나 밀의 포괄적 자유주의에서 벗어나야 한다고 주장합니다. 삶의 전반과 관련되는 포괄적 가치관을 접고 정치적 정의관을 제안했지요. 정치와 경제적 주요 제도들, 사회의 기본 구조와 관련된 최소한의 도덕에서만 정의의 원칙을 다루자는 겁니다. 정의를 특정한 이념에서 도출하거나 그것을 대변하지 말자는 뜻입니다. 사회에 다양하게 존재하는 포괄적 이념들로부터 모두 지지받을 원칙으로 '공정으로서의 정의'를 거듭 강조합니다.

실제로 그의 정의론은 절대적 진리를 추구하는 보편적 도덕 이론이 아닙니다. 다원주의 현실 속에서 사회적 통합의 기반을 확립하려는 실천적 정치 이론이지요.

마지막 저서 『만민법』에서 롤스는 한 국가 안에서 논의되던 정치적 자유주의를 '지구촌 사회'에 적용해 정의론의 세계화를 시도했습니다. 호전적인 국가나 그 주민들의 기본권마저 유린하는 전제적인 국가들도 지구촌의 원칙을 준수하는 한 품위 있는 지위를 갖춘 국가로서 대우해야 한다고 역설합니다.

롤스의 논리에 따르면 자유주의 국가들이 상대 국가를 무력으로 공격하거나 제도 개혁을 명분으로 경제적 제재를 가할 정당한 근거는 없습니다. 그의 '지구촌 정의'론은 우리 민족의 시대적 과제인 남과 북의 통일 방안을 찾는 데도 적잖은 시사점을 줍니다.

19

지혜 | 상자

북유럽 철학과 복지 국가

"국가는 민중의 집이다."

스웨덴을 복지 국가의 반석에 올려놓은 타게 에를란데르Tage Erlander, 1901~1985의 약속입니다. 옹근 22년 넘도록 총리로 재임하며 스웨덴을 '지구촌 복지 국가의 대명사'로 만들어 간 에를란데르는 자신이 너무 오래 집권했다며 "체질 개선이 필요하다"고 스스로 사퇴했습니다.

최고 권력자로 22년, 국회의원과 장관 경력 13년까지 더하면 35년을 권력의 핵심에 있던 그가 사퇴했을 때, 가족과 더불어 살 집이 없었지요. 국가를 '민중의 집'으로 만든 총리가 정작 퇴임해서 살 집이 없다는 사실이 알려지자 스웨덴 국민들이 돈을 모아 집을 마련해 주었습니다.

에를란데르는 철학자가 아닌 정치인이지만 누구나 알 수 있는 말로 국가를 '민중의 집'으로 정의하고 그것을 실제 현실로 구현하는 과정은 정치 철학이나 실천 철학의 본보기로 짚어 볼 만 합니다.

에를란데르

국가는 민중의 집이기에 에를란데르는 '국가에 내는 세금이 곧 자신의 집에 대한 투자'라고 민중을 설득했습니다. "세금을 늘리는 게 아니다. 모든 국민의 소득을 늘리는 것"이라며 분배의 형평성에 기초한 경제 정책, 평등과 연대의 복지 정책을 구현해 갔습니다.

스웨덴 복지 국가의 길을 에를란데르 혼자 개척한 것은 아닙니다. 청년 에를란데르가 가입한 스웨덴 사회 민주당은 1889년 노동인를 위한 정당으로 창당됐습니다. 자본주의가 세계적 대공황을 맞았을 때 농민당과 손잡고 1932년 처음 집권했지요. 재정을 확대해 공공시설 건축을 늘리고, 실업 보험과 노후 연금 제도를 시행했습니다.

스웨덴 복지 국가의 사상적 기초는 비그포르스Wigforss가 담당했습니다. 눈여겨볼 개념이 '잠정적 유토피아provisional utopia'입니다. 그는 '교조적 마르크스주의자'들이 자본주의가 곧 망한다면서 혁명의 당위성만 되뇌곤 민중의 삶을 개선할 구체적 실천 방안을 내놓지 못한다고 비판했지요. 객관적 현실을 직시하고 민중의 삶 속에 발을 디딘 비그포르스는 '언젠가 올 유토피아'가 아니라 '지금 여기에서 실현 가능한 유토피아'인 잠정적 유토피아를 제시하고 이를 구현할 정책에 집중했습니다.

10대와 통하는 철학 이야기

잠정적 유토피아는 민중의 고통과 열망에서 출발해 그 문제를 해결해 나가되 사회 전반의 정치 경제 구조를 개혁할 장기적이고 일관된 기획을 추구합니다. 민간 기업이 투자하지 않는 부문에 정부 지출로 공공사업을 벌임으로써 일자리를 늘리고 사회 전반적인 생산성도 높여 갔습니다.

물론 반대도 많았지요. 그들은 복지를 위해 세금을 늘리는 정책을 비난하며 성장이 필요하다고 주장했습니다. 1946년 총리에 취임한 에를란데르는 "물론 우리는 성장할 것이다. 그러나 다 함께 성장할 것"이라고 밝히며 복지 정책의 기틀을 잡아 나갔습니다.

'육아, 의료, 교육, 주거의 기본적인 문제가 사람들 발목을 잡지 않아야 한 개인, 한 나라가 최대한 성장할 수 있다'는 복지 국가의 정치 철학은 북유럽 여러 국가들에 큰 영향을 미쳤습니다.

20
지혜 상자

최제우의 경천사상

철학적 물음을 유럽과 아시아의 철학사를 통해 살펴보며 우리는 한국인의 철학적 사유도 함께 짚었습니다. 여기까지 읽은 독자들 가운데는 아쉬움이 있을 줄 압니다. 한국인의 독창적 철학은 무엇이 있는지 묻고 싶겠지요? 원효는 인도 철학인 불교를, 퇴계와 율곡은 물론 허균과 정약용도

최제우 ⓒ국립중앙박물관

중국 철학인 유학을 기반으로 하고 있는 것이 사실입니다.

하지만 철학과 민족을 연결 짓는 것은 바람직하지 않습니다. 소크라테스의 아테네는 망했고 오늘날의 그리스 또한 선진국은 아닙니다. 붓다가 태어난 왕국은 이미 당대에 망했고 오늘날의 인도는 힌두교가 압도적입니다. 공자와 노자의 중국도 북방 이민족이 세운 금나라, 원나라, 청나라에 지배당할 때가 많았지요. 원효와 허균, 정약용이 기존의 사유 전통을 그대로 따라간 것도 아닙니다. 자기 나름의 사유를 전개했지요.

그럼에도 한국인의 독창적 철학을 찾고 싶은 마음은 누구에게나 있을 것입니다. 그때 눈여겨볼 철학자가 최제우입니다. 최제우1824~1864는 한국인 고유의 하늘을 우러르는 경천사상을 바탕으로 동학을 제안했습니다.

최제우는 하늘의 주인인 천주天主가 사람 안에 있다고 보았습니다. 누구나 천주를 자기 안에 모시고 있기에 사람은 모두 평등하다고 역설했습니다. 전통시대의 신분제에 맞선 혁명적 선언이었지요.

동학은 인류의 역사를 크게 선천先天과 후천後天으로 구분했는데요. 혼란에 가득 찬 선천 시대는 각자가 자신의 사사로움만을 좇으며 막을 내립니다. 5만 년에 걸친 선천의 시대가 지나고 후천의 시대가 열리고개벽 있다며 그 변화에 적극 대응해 나가라고 촉구했습니다. 세상을 후천 개벽의 관점으로 바라본 거죠.

최제우는 광제창생을 주창하며 "하늘 아래 모든 세상에 진리를 전함으로써 고통에 잠긴 민중을 구제하겠다"는 포부를 천명했습니다.

최제우의 혁명적 사상을 현실에 적용한 혁명가가 나타났지요. 바로 전봉준^{1855~1895}입니다. 전봉준을 '녹두 장군'이라 환호한 민중이 치켜든 깃발에 새긴 글자들은 그들이 바라는 세상의 이정표였습니다. 하지만 폭정에서 민중을 구하고 나라를 지켜 민생을 구제하겠다는'제폭구민, 보국안민, 광제창생'을 목표로 내건 혁명은 당시 집권 세력이 불러온 외세의 개입으로 참담하게 무너졌습니다. 최제우의 사상은 최시형에 이어져 '사람을 하늘처럼 섬기라^{사인여천, 事人如天}'는 사상으로 이어졌습니다. 그 뒤를 이은 손병희에 이르러 더 간명하게 '사람이 곧 하늘'이라는 '인내천^{人乃天}' 사상으로 전개되었지요. 사람이 곧 하늘이고, 사람을 하늘처럼 섬기라는 사상은 독창적이고 선구적인 사유입니다. 하지만 기득권에 눈먼 조선 왕조의 지배 세력은 어리석게도 최제우를 처형했고 전봉준과 최시형도 체포해 사형에 처했습니다. 손병희는 일제 강점기까지 살아남아 1919년 3·1 독립 선언의 33인 대표자로서 자기 역할을 다했습니다. 3·1 독립 선언 직후에 곧바로 일제의 감옥에 들어가 모진 고통을 받고 병보석으로 나왔지만 곧 숨졌습니다. 사실상 옥사이지요.

사람이 곧 하늘이라는 독창적 사유를 풍부하게 전개해 나간다면 인류가 21세기를 열어 갈 새로운 철학의 씨앗이 될 수 있습니다.

나가는 말

철학과 창조적 삶

지금까지 인류가 제기해 온 철학적 물음과 철학자들의 답을 살펴보았습니다. 10대 시절에 생각하면 좋을 주제를 열 가지로 꼽아 짚어 보았는데요.

생각의 역사에는 한 권의 책으로는 도저히 담아낼 수 없을 만큼 숱한 철학적 물음과 철학자들의 답이 가득합니다. 세계 철학사를 서술한 여러 나라의 책들을 둘러보아도 10권이 넘는 전집들이 적잖습니다.

하지만 그 모든 걸 다 알아야 철학을 아는 것은 결코 아닙니다. 철학을 한다는 것은 단순히 지식을 아는 것이 아니기 때문이지요. 하물며 암기는 더더욱 철학이 아닙니다.

무릇 사람은 누구나 철학자입니다. 인생과 세상을 바라보는 자기

나름의 관점을 지니지 않은 사람은 없으니까요.

자신이 인생을, 세상을 어떻게 보고 있는지 돌아보는 순간, 그 사람은 나이와 무관하게 이미 철학의 길에 들어서 있습니다. 따라서 내가 철학자인지 아닌지 물을 필요는 없습니다. 내가 어떤 철학자인지 물어야 합니다. 다시 말해서, 사람에게 철학은 '있느냐, 없느냐'의 문제가 아닙니다. 어느 철학으로, 또는 어떤 수준의 철학으로 살고 있느냐가 문제입니다.

인생을 깊이 있게 탐색하지 못했으면서 허무하다고 단정 짓는 사람은 10대만이 아닙니다. 그 만용은 어른들에게도 허다합니다. 그렇게 생각하는 대다수는 삶을 기분 내키는 대로 살아갑니다.

과연 그래도 좋을까요? 물론, 인생에서 어떤 선택도 개인의 자유입니다. 누군가는 지구촌 인구가 70억이면 70억 종류의 철학이 있다는 주장도 폈습니다. 인생을 살아가는 누구나 자기 철학이 있으니까요.

다만, 사람은 누구나 철학자라는 명제 못지않게 염두에 둘 말이 있습니다. 사람마다 철학의 깊이와 높이는 많이 다르고 그만큼 삶의 깊이와 높이도 다르다는 사실입니다.

21세기를 맞아 지식과 정보는 넘쳐납니다. 손바닥 안 스마트폰에 모든 게 들어 있어 보이기도 합니다. 하지만, 아니 바로 그렇기에 중요한 것은 창조성입니다.

창조성은 그냥 생기지 않습니다. 스스로 생각하는 힘, 인생과 세상을 새롭게 보는 관점에서 나옵니다.

철학하는 사람은 인생과 세상을 이해하는 기존의 관습과 전통을 무조건 따라가지 않습니다. 문제점을 발견하거나 물음을 던지는 순간 이미 새로운 관점이 싹튼 거지요. 그 싹이 우람하게 자라면 자신의 삶만이 아니라 시대를 이끌 새로운 철학이 됩니다.

이제 우리의 이야기를 마칠 때가 되었습니다. 자신의 꿈이 무엇이든 인생의 창조적 변화를 꿈꾼다면 철학과 친구가 되길 권합니다. 철학은 자신의 삶을 바꿀 수 있습니다. 철학은 새로운 삶, 새로운 시대를 창조합니다. 물음으로 마칩니다.

지금 당신이 인생과 세상을 보는 관점은 무엇인가요?